Tous les hommes sont-ils égaux?

Ateliers des
Deutschen Historischen Instituts Paris

Herausgegeben vom
Deutschen Historischen Institut Paris

Band 3

R. Oldenbourg Verlag München 2009

Tous les hommes sont-ils égaux?

Histoire comparée des pensées raciales
1860–1930

sous la direction de Carole Reynaud Paligot

R. Oldenbourg Verlag München 2009

Ateliers des Deutschen Historischen Instituts Paris
Herausgeberin: Prof. Dr. Gudrun Gersmann
Redaktion: Veronika Vollmer
Anschrift: Deutsches Historisches Institut (Institut historique allemand)
Hôtel Duret-de-Chevry, 8, rue du Parc-Royal, F-75003 Paris

Bibliografische Information der Deutschen Nationalbibliothek
Die Deutsche Nationalbibliothek verzeichnet diese Publikation in der Deutschen Nationalbibliografie; detaillierte bibliografische Daten sind im Internet über <http://dnb.d-nb.de> abrufbar.

© 2009 Oldenbourg Wissenschaftsverlag GmbH, München
Rosenheimer Straße 145, D-81671 München
Internet: oldenbourg.de

Das Werk einschließlich aller Abbildungen ist urheberrechtlich geschützt. Jede Verwertung außerhalb der Grenzen des Urheberrechtsgesetzes ist ohne Zustimmung des Verlages unzulässig und strafbar. Dies gilt insbesondere für Vervielfältigungen, Übersetzungen, Mikroverfilmungen und die Einspeicherung und Bearbeitung in elektronischen Systemen.

Umschlaggestaltung: Thomas Rein, München

Gedruckt auf säurefreiem, alterungsbeständigem Papier (chlorfrei gebleicht).
Gesamtherstellung: Grafik + Druck GmbH, München

ISBN 978-3-486-59144-6

Sommaire

Carole REYNAUD PALIGOT
Perspectives pour une histoire comparée des pensées raciales 7

Armelle ENDERS
Du pessimisme à l'optimisme. Les métamorphoses de la pensée raciale
au Brésil et la réception des théories de Gilberto Freyre (1890–1930) 13

Albert GOUAFFO
Du racisme scientifique au racisme populaire. De la contribution des Camerounais
au profil racial de l'Allemagne impériale (1884–1919) 20

Mamoudou SY
»Peuplades« ou descendants de chorfas? Représentations au XIXe siècle
des peuples de la Sénégambie septentrionale 31

Arnaud NANTA
Kiyono Kenji: Anthropologie physique et débats sur la »race japonaise«
à l'époque de l'empire colonial (1920–1945) 43

Marc SCHINDLER-BONDIGUEL
Auxiliaires indigènes ou soldats français? Race, civilisation et genre dans
la construction d'une catégorie impériale: le soldat indigène. L'exemple des
soldats malgaches (1889–1939) 59

Céline TRAUTMANN-WALLER
Langue, peuple, race, nation: usages de la notion de race, frontières disciplinaires
et enjeux politiques chez les philologues en France et en Allemagne durant la
deuxième moitié du XIXe siècle 81

Agnès GRACEFFA
La tentation de la pensée raciale dans les lectures historiographiques françaises
et allemandes 1920–1930 du peuplement dit germanique de la Gaule:
une conception historique de la race 98

Benoît LARBIOU
Le corps médical et la race en 1930. Les usages médicaux du racialisme 111

Index des personnes 130

Les auteurs 134

CAROLE REYNAUD PALIGOT

Perspectives pour une histoire comparée des pensées raciales

Il y a un peu plus de trente ans, un colloque sur l'idée de race était organisé. En trois décennies, force est de constater que l'apport historiographique sur ce sujet a été modeste. Nous sommes, en effet, peu nombreux à nous être intéressés à la question raciale, alors que l'historiographie anglo-saxonne a réservé une grande place à cette thématique. La raison de cette discrétion historiographique tient notamment à la survivance d'un certain nombre de mythes, le mythe d'une France antiraciste ou encore celui d'une France républicaine au sein de laquelle auraient primé les valeurs universalistes d'égalité et de respect des droits de l'homme[1]. Mais les historiens sont là pour démythifier l'histoire.

Les études antérieures montrent en effet que la notion de race a été largement présente dans la culture française des XIXe et XXe siècles. On peut en cerner la genèse au sein de la pensée naturaliste du XIXe et du premier XXe siècle[2], ainsi que dans les années 1860, lorsque s'institutionnalise l'anthropologie raciale, elle est au cœur d'une nouvelle vision du monde, forgée par les savants. Elle donne ainsi lieu à un véritable paradigme scientifique qui se diffuse dans la société fin de siècle et connaît de nombreux usages tant scientifiques que politiques[3]. L'idée de race a su se renouveler au gré des avancées scientifiques du moment, sortir du champ purement scientifique pour se diffuser dans d'autres espaces intellectuels, donner naissance à d'autres thématiques (la psychologie raciale notamment), et ses usages, scientifiques, politiques, littéraires, ont été nombreux. Dès lors, écrire son histoire n'est pas seulement étudier une notion scientifique en tant que construction intellectuelle et sociale[4], ni seulement s'intéresser à une discipline scientifique ou parascientifique – l'anthropologie raciale –, mais nous amène à entreprendre l'histoire d'une véritable »pensée raciale« qui, comme l'avait énoncé Hannah Arendt, a dominé les sociétés occidentales pendant plus d'un siècle.

L'idée de race a montré une belle longévité durant deux siècles. Il apparaît donc nécessaire d'en poursuivre l'étude dans le temps long des XIXe et XXe siècles, de sa genèse, quelques décennies avant son institutionnalisation dans la deuxième moitié du

---

[1] Carole REYNAUD PALIGOT, Usages coloniaux des représentations raciales, dans: Cahiers d'histoire 99 (2006), p. 103–110.
[2] Voir notamment les travaux de Claude BLANCKAERT. Pour les références bibliographiques voir Claude BLANCKAERT (dir.), Les politiques de l'anthropologie. Discours et pratiques en France (1860–1940), Paris 2001.
[3] Carole REYNAUD PALIGOT, La République raciale. Paradigme racial et idéologie républicaine 1860–1930, Paris 2006.
[4] La polysémie du terme »race« ne doit pas empêcher des approches tant diachroniques que synchroniques. Encore faudra-t-il toujours prendre le soin de cerner son sens, d'en écarter les usages exclusivement culturels pour privilégier l'étude des pensées essentialistes impliquant un déterminisme biologique.

XIXe siècle, jusqu'à aujourd'hui. Dans les premières décennies du XXe siècle, les apories de l'approche classificatoire à critères anthropométriques n'empêchèrent pas la notion de race de se ressourcer régulièrement par la réinterprétation des acquis de la modernité scientifique (notamment la sérologie et la génétique). La notion de race sut aussi sortir du champ purement scientifique pour se diffuser dans d'autres espaces intellectuels et conserva sa prétention à la scientificité jusqu'aux années 1960–1970. Elle eut comme corollaire une vision différencialiste et inégalitaire de l'altérité. Ces représentations gardèrent une place de choix dans les sciences humaines et sociales à travers les notions de psychologie des peuples et de caractère national toujours largement mobilisées dans bien des analyses destinées au grand public. Elle est restée présente jusque dans les années 1950 dans les milieux les plus académiques: dans les revues savantes, à l'Université ou encore à l'Institut d'études politiques de Paris et jusque chez les poètes de la négritude[5]. Et même lorsque la science a invalidé la notion de race, celle-ci a persisté sous des habillages différents et euphémisés[6].

Il paraît également nécessaire d'en continuer l'histoire non plus seulement dans l'espace hexagonal mais dans l'espace mondial, à travers une approche comparative. Les vertus de l'histoire comparée ne sont plus à démontrer. Longtemps délaissée par l'historiographie française, elle a connu ces dernières années un renouveau d'intérêt, même si elle reste encore peu pratiquée. Elle a notamment été féconde dans le champ des études migratoires, de l'histoire des constructions nationales ou encore en histoire culturelle[7].

Quelques jalons de cette histoire comparative peuvent d'ores et déjà être posés. Afin de mieux comprendre ce phénomène qui a joué un rôle majeur au sein des sociétés occidentales pendant près de deux siècles, il convient d'étudier les conditions sociales et politiques qui ont permis l'émergence et la longévité de la notion de race ainsi que l'évolution de son sens et de ses usages selon les contextes historiques. Analyser la construction des catégories raciales au sein du monde savant, c'est restituer la spécificité des contextes au sein desquels elles ont vu le jour, les auteurs qui les ont forgées, les acteurs à qui elles furent utiles, ou encore les usages auxquels elles ont donné lieu.

[5] Carole REYNAUD PALIGOT, Races, racisme et antiracisme dans les années 1930, Paris 2007.
[6] Jean-Pierre CHRÉTIEN, Gérard PRUNIER, Les ethnies ont une histoire, Paris ²2003; Jean-Loup AMSELLE, Elikia M'BOKOLO, Au cœur de l'ethnie. Ethnie, tribalisme et État en Afrique, Paris ²1999; Dominique PLANCHE, Généalogie du génocide rwandais. Hutu et Tutsi: Gaulois et Francs?, dans: Les Temps modernes 582 (1995), p. 1–58.
[7] Voir notamment les études de Nancy L. GREEN, L'histoire comparative et le champ des études migratoires, dans: Annales ESC 6 (1990), p. 1335–1350; Religion et ethnicité. De la comparaison spatiale et temporelle, dans: Annales HSS 1 (2002), p. 127–144; Lucette VALENSI, Retour d'Orient. De quelques usages du comparatisme en histoire, dans: André BURGUIÈRE (dir.), Marc Bloch aujourd'hui. Histoire comparée et sciences sociales, Paris 1990, p. 307–316; L'exercice de la comparaison au plus proche, à distance: le cas des sociétés plurielles, dans: Annales ESC 6 (1990), p. 27–30; Anne-Marie THIESSE, La création des identités nationales. Europe XVIIIe–XXe siècle, Paris 2001; Gérard NOIRIEL, La tyrannie du national. Le droit d'asile en Europe, Paris 1991; Roger BRUBAKER, Citoyenneté et nationalité en France et en Allemagne, Paris 1997; Christophe CHARLE, Les intellectuels en Europe au XIXe siècle. Essai d'histoire comparée, Paris ²2001; ID., La crise des sociétés impériales. Allemagne, France, Grande-Bretagne 1900–1940. Essai d'histoire comparée, Paris 2001.

Les processus d'institutionnalisation d'une discipline au sein de l'espace mondial méritent attention. Nombreux furent les pays qui dans les années 1860-1890 connurent une institutionnalisation de l'anthropologie raciale à travers la constitution de sociétés d'anthropologie (la première société d'anthropologie naît à Paris en 1859, bientôt suivie par celles de Londres, Moscou, Vienne, Berlin, Rome, Tôkyô, etc.), l'apparition de revues savantes, la publication d'ouvrages et le développement de cours d'anthropologie au sein des universités. S'interroger sur la signification de la création simultanée de ces sociétés savantes, c'est étudier leurs similitudes et leurs différences en termes d'effectifs, d'organisation, d'enseignement et de recherche, de processus d'institutionnalisation, à la lumière des spécificités des contextes historiques, intellectuels, sociaux et politiques. Cette science des races connut très vite une dimension transnationale: l'étude des congrès et revues internationaux, les correspondances privées, les comptes rendus d'ouvrages, les traductions permettent d'identifier les échanges, les transmissions, les »transferts« (Michel Espagne et Michael Werner) et les influences au sein des communautés anthropologiques et de mesurer ainsi l'existence d'une véritable raciologie internationale.

Dans le contexte de rivalités entre les sociétés impériales des XIXe et XXe siècles, les théories raciales semblent avoir joué un rôle important, mais peu étudié, dans la construction des imaginaires nationaux, dans l'affirmation identitaire liée à la construction des États-nations, donnant lieu à des usages patriotiques et nationalistes. Les tensions, les rivalités, les affrontements ont renforcé et durci le discours scientifique, tandis que la science a été largement mobilisée pour légitimer les oppositions et les conflits.

Tout discours sur l'Autre, toute manière de concevoir et d'interpréter les différences humaines tant physiques que culturelles, possède une signification politique. L'exemple français a montré l'inscription de cette science des races au sein de l'idéologie républicaine, et l'étude de ses usages a également mis en avant de fortes implications politiques. Il s'agit donc non seulement de l'histoire d'une nouvelle science qui émerge dans les années 1850 en Europe de l'Ouest, mais aussi d'une étude socioculturelle d'un phénomène aux dimensions politiques manifestes, d'une étude des liens entre science et politique, des relations entre une notion savante et ses usages politiques. Si le concept de pensées raciales s'impose au pluriel, c'est notamment parce qu'on ne peut confondre les conceptualisations savantes des anthropologues républicains avec l'anthropologie raciale nazie, pas plus que leurs usages politiques respectifs, et c'est donc bien l'étude des contextes intellectuels, sociaux et politiques qui doit être mobilisée pour comprendre l'émergence de ces différentes pensées raciales. Car si les autres sociétés occidentales ont connu l'essor de pensées raciales qui rappellent en bien des points le cas français, ces dernières n'ont pas connu le même destin, et leurs usages politiques ont différé. Dans certains États, cette pensée s'est exprimée à travers l'opposition race blanche/race de couleur, et ses usages ont été avant tout coloniaux, donnant lieu à des politiques plus ou moins ségrégationnistes, tandis que, dans d'autres, l'antisémitisme a été omniprésent, devenant un antisémitisme d'État aux dramatiques dimensions purificatrices et exterminatrices. En croisant l'histoire des sciences avec l'histoire sociale, politique et culturelle, l'histoire comparée des pensées raciales peut permettre de comprendre le rôle qu'a joué la science dans les dérives des pensées universalistes vers des représentations inégalitaires de l'altérité, représentations qui ont justifié la mise en place de politiques discriminatoires au sein des États des XIXe et XXe siècles[8].

Les contributions présentées lors de cet atelier: »Tous les hommes sont-ils égaux? Histoire comparée des pensées raciales 1860–1930«, illustrent la diversité des usages scientifiques et politiques de la notion de race dans des sociétés aussi diverses que l'Allemagne, le Brésil, le Cameroun, la France, le Japon, Madagascar et le Sénégal, dans un contexte d'essor des nationalismes et de l'impérialisme colonial, montrant ainsi que la notion de race a non seulement participé à la construction du discours colonial en en légitimant les pratiques, mais qu'elle a aussi été largement mobilisée dans la construction et l'affirmation des identités nationales.

Céline Trautmann-Waller évoque quelques-uns des usages scientifiques au sein de disciplines particulièrement dynamiques durant la seconde moitié du XIXe siècle: la philologie, la linguistique et l'ethnographie. Ces débats nous révèlent l'importance des échanges intellectuels non seulement entre disciplines, mais également entre les différentes nations, notamment entre l'Allemagne et la France. Derrière ces débats scientifiques pointent vite les enjeux politiques, une vision élitiste et aristocratique oppose les théories de Gobineau à celles d'August Pott, qui préfère croire en l'unité et la perfectibilité de l'espèce humaine; dans le contexte de la guerre franco-prussienne de 1870–1871, les analyses d'Ernest Renan et de Moritz Lazarus diffèrent quant au rôle de la langue dans la détermination de l'identité nationale.

C'est dans le même espace, l'Allemagne et la France, qu'Agnès Graceffa évoque un autre débat scientifique, la question de la composante raciale des deux nations à travers l'analyse du peuplement dit germanique au très haut Moyen Âge chez les historiens de l'entre-deux-guerres. L'usage de la notion de race par les historiens montre leur prise de distance avec la raciologie. Cependant, si la biologie s'efface devant la culture, les contaminations ne sont pas inexistantes, notamment chez les historiens allemands, ni les implications politiques, notamment en France, où histoire rime avec patriotisme. La thèse du mélange précoce des populations soutenue par les historiens français conforte ainsi leur logique de concorde nationale tout comme leur volonté de s'opposer aux usages politiques de la raciologie en Allemagne, et leurs analyses demeurent empreintes d'un certain essentialisme qui ressurgit à travers les notions d'âme ou de tempérament national.

Benoît Larbiou aborde un autre usage scientifique en France en montrant l'emprise croissante de la notion de race au sein du champ médical des années 1930 et en posant la question de ses enjeux sociaux dans un contexte de fermeture de la profession et de radicalisation politique.

Trois autres contributions abordent plus spécifiquement les enjeux politiques au Brésil, au Japon et à Madagascar. Armelle Enders lève le mythe d'un Brésil antiraciste en évoquant la mobilisation du facteur racial pour expliquer la suprématie et le dyna-

---

[8] Une première étude comparative a été entreprise: Carole REYNAUD PALIGOT, L'Internationale des raciologues. Race et identité nationale en France et aux États-Unis 1860–1930, à paraître.

misme du sud du pays, mais aussi la politique de blanchiment menée à travers une immigration massive de populations européennes.

Arnaud Nanta évoque les enjeux politiques de l'anthropologie raciale au Japon en étudiant les débats sur les origines de la race japonaise et leurs liens avec la politique coloniale. Il montre les similitudes entre la raciologie japonaise et ses cousines occidentales: une institutionnalisation dans les années 1880 à travers la création d'une société d'anthropologie, le développement de l'enseignement au sein du Muséum et de l'Université, des méthodes, des outils, des débats communs, notamment la question des origines, qu'il évoque plus spécifiquement. Les usages politiques des débats scientifiques sont encore une fois établis, tout comme la contribution de l'anthropologie raciale à la construction des imaginaires nationaux. La thèse des origines métisses du peuple japonais défendue par les savants des années 1920 coïncide avec l'annexion de la Corée (1910); alors qu'il s'agit d'intégrer les populations coréennes annexées au Japon, le modèle des origines métisses des Japonais semble plus approprié et se substitue à celui de pureté de la race.

Marc Schindler-Bondiguel analyse les usages guerriers du concept de race dans le cadre de la domination coloniale. La racialisation des aptitudes militaires se traduit par la valorisation virile du soldat noir mais aussi par son assimilation à la primitivité. L'étude des résistances que l'administration manifeste face aux demandes croissantes de naturalisation des soldats malgaches après la Première Guerre mondiale confirme le rôle important qu'a joué cet outil juridico-administratif dans la volonté de l'État français de contrôler la composition ethnique de la nation française.

Les situations coloniales sont des espaces privilégiés dans l'étude des usages politiques des représentations raciales. Albert Gouaffo évoque la contribution d'une colonie, le Cameroun, à la construction de l'identité raciale allemande à l'époque Wilhelmienne ainsi que le passage d'un racisme scientifique à un racisme populaire grâce aux institutions médiatiques, qui connaissent un grand essor à l'époque. Le discours racial n'est pas seulement mobilisé dans la construction d'une identité nationale en opposition à une altérité lointaine. Car si la hiérarchisation raciale est utile à la domination coloniale en affirmant la suprématie de la race blanche sur la race noire, elle est également activée à l'intérieur même d'un espace national en construction pour imposer la domination d'une population sur une autre. Mamoudou Sy retrace la construction idéologico-raciale du mythe des origines, mythe mobilisé par la communauté maraboutique qui prend le pouvoir en Sénégambie à la fin du XVIIIe siècle. Le dualisme racial vient ainsi renforcer des distinctions culturelles. Quelques décennies plus tard, l'administration coloniale participe à la construction savante de ce mythe et l'utilise dans sa stratégie de conquête et de domination coloniales.

Que soient remerciés tous ceux qui ont contribué à la réalisation et à la publication de cet atelier, Werner Paravicini, ancien directeur de l'IHA, Stefan Martens, directeur adjoint de l'IHA, Fabrice d'Almeida, professeur à l'université de Paris II, et Christian Ingrao, directeur du l'IHTP/CNRS, la Fondation pour la mémoire de la Shoah; les présidents des séances: Claude Blanckaert, Jean-Pierre Chrétien, Jean-Pierre Dozon, l'équipe de la rédaction de l'IHA. Un hommage tout particulier pour Claude Liauzu, qui nous a brutalement quittés quelques semaines avant l'atelier. Historien de la colonisation, il s'était aussi intéressé à l'histoire du racisme en lui consacrant son séminaire de maîtrise à Paris VII ainsi que plusieurs ouvrages, dont »Race et civilisation« ou encore »La société française face au racisme«. Son absence à l'atelier a été d'autant plus cruelle qu'il se réjouissait à l'idée d'y participer et d'y retrouver plusieurs d'entre nous qui avons été associés à ses activités et initiatives en tant qu'historien et citoyen.

ARMELLE ENDERS

Du pessimisme à l'optimisme
Les métamorphoses de la pensée raciale au Brésil et la réception des théories de Gilberto Freyre (1890–1930)

Les théories raciales constituent un aspect mal étudié des »transferts culturels«, un champ de recherche pourtant fort à la mode. Dans cette perspective, le Brésil doit occuper une place centrale dans la mesure où la »question raciale«, même si ce n'est jamais exprimé aussi crûment, est conçue comme le problème national par excellence entre le milieu du XIXe siècle et les années 1930. La présence de Noirs au Brésil découle directement de la traite négrière: ce pays a reçu, entre 1500 et 1850 (interdiction effective du trafic), quatre millions d'Africains, soit un tiers du total d'esclaves destinés aux Amériques[1].

Les descriptions rapportées du Brésil par les voyageurs ont également fourni bien des matériaux aux théoriciens des races, quand ces derniers n'y ont pas eux-mêmes séjourné. Arthur de Gobineau, diplomate français à Rio pendant un an et demi en 1869–1870, voit ainsi la confirmation de »l'inégalité des races humaines«, postulat de son ouvrage publié en 1853; Louis Agassiz (1807–1873), naturaliste suisse installé aux États-Unis, adversaire de Darwin et défenseur du polygénisme, constate au Brésil la supériorité de la race blanche entre avril 1865 et juillet 1866. Du XVIe au XXIe siècle, de Montaigne à l'apologie postmoderne du métissage, le Brésil fait figure de laboratoire de l'humanité, de modèle d'observation ou d'imitation, de lieu de fixation de bien des fantasmes[2].

Au tournant des XIXe et XXe siècles, les Brésiliens importent et adaptent la pensée raciale venue d'Europe, principalement de France. Les difficultés du Brésil à devenir une puissance sont attribuées à son peuplement. Au début des années 1930, le Brésil devient à son tour producteur d'une pensée raciale promise à un bel avenir international, celle de Gilberto Freyre (1901–1987), l'un des intellectuels les plus influents du XXe siècle sur le plan mondial.

---

[1] À noter que 1,7 million d'esclaves entrent au Brésil dans la première moitié du XIXe siècle. Luiz Felipe de ALENCASTRO, O trato dos viventes. Formação do Brasil no Atlântico Sul, São Paulo 2000, p. 69.
[2] Cf. l'ultime phrase de l'»Histoire du Brésil« de Bartolomé Bennassar et Richard Marin: »en terme de vitalité, de génie d'un peuple ou de melting pot des couleurs, on aimerait que le monde de demain ressemblât au Brésil«, dans: Bartolomé BENNASSAR, Richard MARIN, Histoire du Brésil 1500–2000, Paris 2000, p. 526.

LE PAYS QUI VOULAIT ÊTRE BLANC

En 1889, la république est proclamée au Brésil et, avec elle, le principe d'égalité. L'esclavage, aboli l'année précédente par la monarchie, est rituellement condamné en paroles, mais rien n'est fait pour que les anciens esclaves et leurs descendants accèdent à la plénitude de leur citoyenneté nouvelle. Aucune mesure juridique n'établit formellement une *colour bar* entre les citoyens, mais aucune disposition ne vient émanciper socialement les ex-captifs qui constituent la part la plus misérable de la population. Le suffrage universel a été institué par la république, mais les analphabètes (qui ne sont pas tous noirs ou métis) – presque 90 % de la population – en sont exclus.

D'après le recensement de 1890, les Blancs représentent 44 % d'une population évaluée à quatorze millions d'individus, les Noirs, 14,6 % et les métis, 41,4 %[3]. D'après une idée bien ancrée dans les esprits depuis la période de l'Indépendance (1822), le pays ignorerait le préjugé contre la couleur de la peau. La carrière de quelques métis au sein de l'administration impériale ou dans les arts et lettres est régulièrement citée pour étayer cette affirmation, relayée par les observations des étrangers.

À partir des années 1880, le tableau a singulièrement évolué. Les classes dirigeantes brésiliennes ont une vision de leur société qui s'apparente à un déni: le Brésil est un pays blanc, engagé sur la voie de la civilisation. Une vulgate raciste, nourrie aux écrits de Georges Vacher de Lapouge ou de Gustave Le Bon, puis de Herbert Spencer, achève de convaincre que les Noirs et les Indiens appartiennent à des »races« inférieures ou attardées, incompatibles avec la civilisation à laquelle aspirent les élites dirigeantes. Il est difficile, voire impossible, de les admettre comme une partie intégrante de la nation et surtout, de laisser l'image d'un Brésil non-blanc s'imposer à l'extérieur. En 1911, le directeur du Musée national, João Batista Lacerda, reçoit de vives critiques pour avoir présenté à Londres, au congrès universel des races, un mémoire où il laissait entendre que les Blancs n'étaient pas majoritaires au Brésil[4]. Quant au président Epitácio Pessoa (1919–1922), il interdit aux joueurs de couleur de jouer dans l'équipe nationale de football[5].

Si les indigènes suscitent depuis longtemps de l'intérêt intellectuel, celui-ci est tardif concernant les descendants des Africains, négligés par les rares institutions scientifiques du Brésil jusqu'aux années 1890. Celles-ci étaient au nombre de cinq, le Musée national (fondé en 1808), les facultés de médecine de Salvador de Bahia et de Rio de Janeiro, créées la même année, et les musées Paraense (Goeldi), à Belém du Pará en Amazonie (1866), et Paulista (1893), auxquels il faut ajouter l'Institut historique et géographique brésilien (1838) et les sociétés savantes qui se développent sur le modèle de celui-ci dans les différents États de la fédération sous la république. Aucune de ces institutions n'avait jugé utile de collectionner les objets produits par les Afro-Brésiliens ni de mesurer les crânes de ces derniers ou d'examiner leur langage. Les

---

[3] Lília Moritz SCHWARCZ, O espetáculo das raças. Cientistas, instituições e questão racial no Brasil, 1870–1930, São Paulo 1993, p. 251.
[4] João Batista LACERDA, O congresso universal das Raças, s.l. 1912.
[5] Nosso Século 1910/1930. Anos de crise e criação I, São Paulo 1980, p. 7.

premiers travaux les concernant sont l'œuvre d'un médecin bahianais, Raimundo Nina Rodrigues (1862-1906) à la fin du siècle[6].

Le morcellement à l'infini de l'espèce humaine en »races« et la stricte hiérarchisation de celles-ci n'en finissent pas de poser des problèmes insurmontables aux classes dirigeantes brésiliennes. Les doctrines qui placent l'aryen à la tête des »races« assombrissent l'avenir des contrées dominées par les »races latines«, comme le Brésil. Dans ce très vaste pays, les théories raciales accentuent les différences entre les grandes régions et participent à la justification du leadership des États méridionaux sur ceux du Nord, peuplés majoritairement de non-Blancs. En 1887, un républicain *paulista*, Alberto Sales, publie un opuscule, très imprégné de spencérisme, en faveur de la séparation de sa province de l'empire du Brésil. L'un des arguments qui légitime l'émancipation de São Paulo tient à son peuplement. D'après Sales, la »race blanche« qui s'est installée dans la région au XVIe siècle était d'une souche beaucoup plus noble et plus pure que celle qui a conquis le Nord. De plus, à São Paulo et au contraire de ce qui advint dans le Nord, les colons blancs »composés d'éléments purs ne se mélangeaient pas avec les indigènes«[7]. En conclusion, Alberto Sales explique les raisons du dynamisme pauliste:

on peut dire que le Brésil se divise ethnologiquement en trois grandes régions: le Nord, le Centre, le Sud. Dans la première, par croisement, c'est le sang indigène qui a prédominé; dans la deuxième, le sang africain; dans la troisième, le sang blanc. Ou, selon un écrivain brésilien contemporain: ›sur toute la superficie du Brésil, le type blanc l'a emporté. Mais si nous distinguons la part de chaque race dans ces croisements, il est possible d'obtenir la division suivante: les populations du nord du Brésil jusqu'au Pernambouc possèdent une marque fortement indigène; de Bahia jusqu'aux provinces de Rio de Janeiro et du Minas Gerais, le sang africain s'est insinué sur une large échelle; de là vers le Sud, les populations apparaissent moins mélangées‹. Voilà pourquoi São Paulo est devenu aujourd'hui le centre d'un remarquable développement moral et intellectuel[8].

Plus encore que la question des »races«, c'est celle de leur métissage qui occupe toutes les attentions et plonge les élites brésiliennes dans la plus angoissante perplexité.

LE MÉTISSAGE, MALÉDICTION OU MAL TRANSITOIRE?

Entre les Noirs et les Blancs s'est, de toute évidence, immiscé depuis longtemps une catégorie intermédiaire, celle des métis (*mestiço*) et plus particulièrement celle des *mulatos* (mulâtres). L'étymologie de »mulâtre«, forgé à partir de »mulet«, rend assez bien compte du problème et de son actualisation par les théories raciales à un moment où les statistiques montrent que les *mulatos* sont au moins aussi nombreux que les

---

[6] Thomas E. SKIDMORE, Black into White. Race and Nationality in Brazilian Thought, Durham, Londres 1993, p. 57.

[7] Alberto SALES, A Pátria paulista, Brasília 1983 (1re édition 1887), p. 103. Alberto Sales est le frère de Manuel Campos Sales, président de la République entre 1898 et 1902.

[8] Ibid., p. 104.

Blancs dans la population brésilienne. Le mulâtre, produit du croisement avec une
»race inférieure«, ne peut être qu'un type dégénéré.

En 1894, Raimundo Nina Rodrigues, médecin de la faculté de Bahia, classe et hiérarchise les métis en trois catégories qui vont du »supérieur« au dégénéré. En vertu de ce classement, il propose que les Noirs échappent à toute responsabilité pénale, comme des mineurs, et que les métis aient une responsabilité limitée devant la loi en fonction de leurs capacités. La meilleure solution pour l'avenir de la »race« reste, en tout cas, d'éviter le métissage[9].

Le directeur du Musée national – la principale institution scientifique du pays –, João Batista Lacerda, a des perspectives plus optimistes sur la question. Il a présenté à Londres, au congrès universel des races de 1911, un mémoire intitulé »Les métis au Brésil«, qui postule, en définitive, le blanchiment à terme de la population brésilienne. Selon les conjectures de Lacerda, en 2012, les Noirs auront totalement disparu du Brésil et les Blancs formeront alors 80 % de la population. Le cinquième restant sera le fait des indigènes (estimés à 17 % en 2012) et de 3 % résiduels de »métis négroïdes«[10]. La disparition à brève échéance des Noirs du Brésil est une idée très largement partagée entre les années 1890 et 1910. On en veut pour preuve le solde naturel très négatif qu'avancent les statisticiens. Pour Lacerda (et d'autres auteurs), le Brésil règle en douceur un problème qui menace en revanche la stabilité des États-Unis. Aux États-Unis, indique Lacerda, les Noirs sont organisés. Ils possèdent leurs institutions et forment en quelque sorte un État dans l'État. Rien de tel au Brésil où:

sans aucun lien les unissant, sans aucune espèce d'initiative, perdus sur des chemins impraticables comme les animaux égarés d'un troupeau, les Noirs n'ont pas pu trouver jusqu'à aujourd'hui une orientation pour se diriger vers une quelconque organisation sociale. L'abandon, l'isolement, l'inaction, l'incurie auxquels ils se sont livrés depuis l'abolition de l'esclavage, ont augmenté chaque fois plus leur décadence et concourent à leur extinction. Au Brésil, le problème de la race noire se résout sans difficulté, alors qu'aux États-Unis se profile encore aujourd'hui pour les hommes d'État de ce pays un problème insoluble, cerné de difficultés et de dangers[11].

Les *mulatos* aussi sont voués à l'extinction progressive. En trois générations, d'après Lacerda, les caractères négroïdes sont pratiquement effacés. Le blanchiment, grâce aussi à l'immigration européenne massive – entre 1870 et 1930, deux millions de migrants s'installent au Brésil –, est l'espoir auquel s'accroche la majeure partie des classes dirigeantes.

LE MÉTISSAGE ET LA CIVILISATION BRÉSILIENNE

Quelques individus isolés s'écartent cependant de la *doxa* du blanchiment dans les années 1910. Manoel Bonfim (1868–1932), un médecin originaire du nord du Brésil,

---

[9] SKIDMORE, Black into White (voir n. 6), p. 60.
[10] LACERDA, O congresso universal das Raças (voir n. 4), p. 97.
[11] Ibid.

rompt même avec les explications raciales et se penche sur les causes historiques de ce qu'il appelle les »maux de l'Amérique latine«[12]. Pour Bonfim, c'est le pillage colonial, le »parasitisme des métropoles«, et non la prétendue infériorité des populations locales, qui a entravé pour longtemps l'essor de la région. Un homme politique de l'État de Rio, Alberto Torres, est l'une des rares voix à remettre en cause le bien-fondé de la politique migratoire, de l'immigrant perçu comme un facteur de civilisation et à inviter les pouvoirs publics à soutenir les »travailleurs nationaux«, c'est-à-dire les ouvriers agricoles noirs ou métis pour la plupart[13]. Bonfim, comme Torres, connaîtra le succès dans les années 1930. Car, même si une minorité d'auteurs se convainc – parfois à l'aide de l'œuvre de Franz Boas – que les conditions sociales pèsent plus que le biologique, Francisco Oliveira Viana (1883–1951), intellectuel renommé et ferme propagateur de théories racistes, se félicite encore du blanchiment de la population dans son commentaire du Recensement général de la population de 1920[14].

Le changement de paradigme dominant a lieu à partir de 1933 avec la publication de »Casa Grande & Senzala« (»Maîtres et esclaves. La formation de la société brésilienne«) de Gilberto Freyre. Lui, qui s'est toujours présenté comme sociologue, est originaire du Pernambouc, de ce Nord-Est dont certains intellectuels interprètent le déclin comme le résultat de son peuplement bigarré. En tant qu'auteur, Freyre a été une figure de proue du mouvement culturel régionaliste qui a cherché à s'affirmer dans les années 1920 par rapport au Sud. Freyre a une autre caractéristique qui le distingue de beaucoup de ses collègues écrivains et intellectuels: il a fait ses études supérieures aux États-Unis, au Texas d'abord, puis à Columbia, où il a soutenu une thèse sur la société brésilienne au XIXe siècle. Lui-même a souligné l'importance qu'avaient eue sur son travail ses contacts avec Franz Boas, même si la nature de cette influence fait aujourd'hui l'objet de discussions savantes[15]. Après la révolution de 1930, Freyre s'exile quelques temps, notamment à Stanford, où il rédige son maître ouvrage: »Casa Grande & Senzala«.

Ce livre est devenu le classique des classiques de la littérature nationale, le livre que tout honnête Brésilien se doit d'avoir lu. C'est aussi le premier titre d'une œuvre pléthorique dont la publication s'étale sur une cinquantaine d'années. »Casa Grande & Senzala« est la réponse de Freyre aux interrogations de sa génération, mais aussi des générations précédentes, sur la lancinante question du métissage. Dans la préface à la première édition du livre, Freyre raconte:

Je vis une fois, après trois longues années d'absence du Brésil, une bande de marins mulâtres et métis, descendant les rues pleines de neige de Brooklyn. Ils me donnèrent l'impression de caricatures. Il me vint à l'esprit une phrase d'un voyageur américain, que je venais de lire sur le Brésil:

---

[12] Manuel BONFIM, A América latina. Males de origem, Rio de Janeiro 1905.
[13] Alberto TORRES, O Problema Nacional Brasileiro: introdução a um programa de organização nacional, São Paulo 1982 (1re édition 1914).
[14] Francisco José Oliveira VIANA, »Evolução da raça«. Recenseamento do Brazil, Rio de Janeiro 1922, p. 313–344.
[15] Maria Lúcia PALLARES-BURKE, Gilberto Freyre, um Vitoriano nos Trópicos, São Paulo 2005.

l'aspect effrayant de dégénérés de presque tous ses habitants. Voilà donc le résultat de la miscigénation[16]!

D'après Freyre, ce fut Boas qui l'aida à opérer sa révolution copernicienne:

> J'appris à considérer comme fondamentale la distinction entre race et civilisation, à séparer les effets des relations purement génétiques des influences sociales, de l'héritage culturel et du milieu. Tout mon livre repose sur cette distinction. Comme sur la distinction entre l'hérédité raciale et l'hérédité familiale[17].

Freyre n'annule en rien le facteur racial, sous-jacent dans son œuvre, mais son intérêt principal porte sur les conditions sociales et les aspects culturels. Il manifeste surtout une curiosité inédite pour la population noire du Brésil et l'histoire de ses pratiques, alors que seuls les Indiens avaient monopolisé jusqu'alors l'attention des érudits. Enfin, Gilberto Freyre réhabilite le colonisateur décrié, le Portugais, auquel on attribuait volontiers les maux historiques du Brésil. Pour le sociologue pernamboucain, les Portugais, mieux prédisposés à la colonisation que les autres Européens, ont été les seuls à faire surgir une civilisation originale sous les tropiques. Le métissage et l'appropriation par les Portugais d'usages culturels des populations natives ou africaines expriment ce génie lusitain de l'adaptation dont la civilisation patriarcale des plantations du Nordeste brésilien est la quintessence. Freyre écrit des phrases qui font un effet révolutionnaire dans le Brésil de 1933:

> Les esclaves venus des aires culturelles africaines les plus avancées furent un élément actif, créateur, et on pourrait dire noble de la colonisation du Brésil, abaissés seulement par leur condition d'esclaves. Loin de n'avoir été que des animaux de traction et des ouvriers agricoles, ils exercèrent une fonction civilisatrice[18].

La place de la sexualité dans »Casa Grande & Senzala« – le thème est au cœur de deux des cinq chapitres du livre – a aussi suscité l'émoi et classé le distingué Gilberto Freyre dans la catégorie des pornographes.

Les thématiques de »Casa Grande & Senzala« sont cependant filées par toutes sortes de polygraphes au service de la dictature de l'*Estado Novo*, instaurée en 1937. Très officiellement, le Brésil devient alors un »pays métis«, une synthèse unique au monde, un parangon de tolérance raciale. Le métissage est désormais conciliable avec un avenir radieux. Après 1945, l'Unesco érige Gilberto Freyre en maître à penser de la lutte contre le racisme, mais, fidèle au noyau dur de sa pensée, ce dernier s'en va exalter la supériorité portugaise en matière de colonisation, alors que soufflent les vents de la décolonisation. La dictature portugaise dirigée par António de Oliveira Salazar se convertit aux vertus du métissage et organise pour Gilberto Freyre une grande tournée

---

[16] Gilberto FREYRE, Maîtres et esclaves. La formation de la société brésilienne, Paris 1974, p. 435. La première édition française de »Casa Grande & Senzala« date de 1952 et est précédée d'une préface de Lucien Febvre.
[17] Ibid., p. 435.
[18] Ibid., p. 289.

à travers l'empire colonial en 1951. À cette occasion, lors d'une conférence prononcée à Goa, aux portes de l'Inde de Nehru, Freyre lance le concept de »lusotropicalisme«, dont le Portugal de Salazar va faire son miel pour justifier l'inaliénabilité de son domaine colonial. L'idéologie lusotropicale n'a pas été balayée par la révolution des Œillets et les indépendances de l'Afrique portugaise. Elle a débordé de la propagande salazariste pour toucher un vaste public, convaincu du génie assimilateur du Portugal et empreint de bonne conscience paternaliste[19].

Ainsi, Gilberto Freyre a fortement contribué à la formulation de deux idéologies nationales, élaborées à des périodes différentes au Brésil, puis au Portugal. Ce sont les mêmes idées qui ont présidé à la création en 1996 de la Communauté des pays de langue portugaise. Si Gilberto Freyre, très critiqué au Brésil dans les années 1970, est actuellement une icône à la fois intellectuelle (pour toute une école historique, notamment) et nationale, le modèle freyrien est toutefois vivement contesté. Il devrait l'être d'abord en tant que pensée raciale, puisque le métissage s'inscrit délibérément dans une telle logique. Il est dénoncé surtout comme un tour de passe-passe qui a longtemps servi à escamoter la réalité de la discrimination raciale au Brésil. La remise en cause des théories freyriennes passe notamment par l'émergence de nouvelles théories raciales qui dénoncent le métissage comme une forme de négation de la présence et de la force des Noirs au Brésil. Le métissage fait de nouveau problème. Avec cette démarche, en effet, le mot »métis« retrouve en somme le sens usuel qui était le sien jusqu'au début du XXe siècle: »métis« renvoyait plus à la couleur foncée de la peau qu'à l'idée de mélange. Ainsi, après avoir été menacés de disparition par blanchiment, les métis brésiliens courent désormais le risque inverse.

---

[19] Voir Yves LÉONARD, Immuable et changeant, le lusotropicalisme au Portugal, dans: Arquivos do Centro Cultural Calouste Gulbenkian XLII (2001), p. 107–117.

ALBERT GOUAFFO

Du racisme scientifique au racisme populaire
De la contribution des Camerounais au profil racial de l'Allemagne impériale (1884–1919)

Le XIXᵉ siècle n'aura pas été uniquement un siècle de découvertes technologiques. Sur le plan anthropologique, les contacts intensifs entre Européens et peuples non européens, notamment les Africains, ont plutôt renforcé la perception stéréotypée que l'on avait de ces derniers, diffusée jusqu'alors dans l'espace public par quelques rares voyageurs, explorateurs et philosophes du XVIIIᵉ siècle. L'ère impériale de l'Europe marquait alors la mutation d'un exotisme de fin de siècle en un exotisme colonial teinté fortement de racisme. Ce racisme trouvait un terrain favorable dans les disciplines naissantes telles que l'anthropologie physique, dans des courants de pensée tels que le darwinisme et l'eugénisme, dont les pères fondateurs étaient regroupés autour de sociétés savantes.

La nation impériale allemande naissante s'insère comme maillon dans ce vaste mouvement d'idées occidentales. Cette nation se définit de l'extérieur vers l'intérieur comme une entité raciale aux contours anthropologiques précis. La pensée raciale allemande passait dès lors d'une explication religieuse et philosophique de la différence raciale à une explication scientifique suffisamment étayée d'éléments empiriques. Dans cette herméneutique de la domination impériale sous le couvert des différences somatiques de l'espèce humaine, l'Africain occupait le bas de l'échelle des valeurs.

Je me propose dans cet exposé de présenter l'apport du Cameroun comme colonie allemande à la cristallisation du sentiment national allemand perçu comme unité raciale. Je vais particulièrement insister sur les formes de diffusion de ce savoir racial dans l'espace public impérial telles que l'utilisation du »narrable« (la littérature coloniale), de »l'argumentable« (la presse coloniale) et du »visuel« (expositions coloniales et zoos humains). Enfin, je vais étayer mon propos par une analyse tirée de la littérature coloniale.

RACIOLOGIE, ALTÉRITÉ BIOLOGIQUE AFRICAINE ET IDENTITÉ NATIONALE EN ALLEMAGNE WILHELMINIENNE UN DISCOURS SOCIAL

Le paradigme racial prend de l'ampleur en Allemagne après la proclamation de l'empire à Versailles en 1871 lorsque Guillaume Iᵉʳ se fait couronner empereur. L'Allemagne vient de surmonter ses différences territoriales et doit consolider l'unité nationale acquise de l'intérieur. L'idée de nation comme communauté imaginaire[1] ne se limite plus aux discours intellectuels tels que le poème »Das Lied der Deutschen« (1841) du poète professeur de germanistique à l'université de Breslau, August Heinrich Hoffmann von Fallersleben, poème devenu chanson populaire qui ne connaîtra sa consécration comme hymne national qu'en 1922, soit quatre-vingts ans après sa publication[2]. Si de 1815 à 1848 le nationalisme allemand est resté endogène, c'est-à-dire une question essentiellement germano-germanique, la phase de 1848 à 1914 est caractérisée par une ambition mondiale, coloniale et militaire. Il s'agit d'un sectarisme culturel, d'une arrogance intellectuelle doublée d'un sentiment de supériorité ethnique[3]. L'on pourrait parler d'un discours social. Le concept est utilisé ici dans le sens du critique littéraire canadien Marc Angenot, qui le définit comme un ensemble composé d'éléments migrants et interactifs de caractère hégémonique qui circulent dans une société à un moment donné. Le discours social est caractérisé par ses occurrences interdiscursives et par son champ sémantique[4].

Après les années 1880, le discours sur la nation allemande (*Nationalgedanke*) s'est particulièrement enrichi d'une dimension coloniale. Bien qu'ayant traîné le pas dans la réalisation de son unité nationale par rapport à ses voisins français et anglais, l'Allemagne s'est vite jetée dans une politique mondiale et impériale pour prétendre résoudre les problèmes démographiques et économiques internes qui se posaient à la jeune nation[5]. Cette Allemagne a tissé les fondements de sa conquête identitaire sur un arsenal théorique développé par l'anthropologie, science de l'homme en plein essor dans la deuxième partie du XIXe siècle en Occident. Il s'agissait, dans l'ensemble, de l'explication scientifique des origines de l'espèce humaine à travers des descriptions morphologiques et du classement hiérarchique des races selon des espaces géographiques précis. Si la race a jusqu'ici été perçue dans sa conception nobiliaire[6] comme lignée, elle se »biologise« et prend le sens de groupe humain possédant des caractères communs transmis par l'hérédité.

L'interprétation tendancieuse qui ressortait des classifications dénotait de l'a priori idéologique. La science servait alors d'appui à l'idéologie raciste. Fatima El-Tayeb et Carole Reynaud Paligot ont largement déconstruit dans leurs différentes études les

---

[1] Nous renvoyons ici à l'ouvrage de Benedict ANDERSON, L'imaginaire national. Réflexions sur l'origine et l'essor du nationalisme (traduit de l'anglais par Pierre-Emmanuel Dauzat), Paris 2002.
[2] Merlin THEILE, Singen für das Vaterland. Warum »Das Lied der Deutschen« von 1841 erst acht Jahrzehnte später Nationalhymne wurde, dans: Der Spiegel 7 (2007), p. 60.
[3] Hans-Ulrich WEHLER, Gegen die Dynastien. Wie der Nationalgedanke in Deutschland zur politischen Kraft wurde, dans: Der Spiegel 7 (2007), p. 56–64, ici p. 64.
[4] Marc ANGENOT, 1889. Un état du discours social, Québec 1989, p. 15.
[5] Hans-Ulrich WEHLER, Bismarck und der deutsche Imperialismus, Cologne, Berlin 1969, p. 454.
[6] Diego VENTURINO, Race et histoire. Le paradigme nobiliaire de la distinction sociale au début du XVIIIe siècle, dans: Sarga MOUSSA (dir.), L'idée de »race« dans les sciences humaines et la littérature (XVIIIe et XIXe siècles), Paris 2003, p. 19–38.

présupposés théoriques et idéologiques de cette discipline et de ses dérivés dont je fais l'économie dans la présente analyse[7].

Autour de 1830, juristes, publicistes, voyageurs, biologistes et naturalistes se regroupaient autour des sociétés savantes pour systématiser, valoriser et diffuser leurs savoirs. C'est ainsi que la société ethnographique de Paris vit le jour en 1839, la Ethnological Society de Londres en 1848, puis la Deutsche Gesellschaft für Anthropologie, Ethnologie und Urgeschichte en 1870. Par la suite furent créées d'autres sociétés du même type à Vienne, en Russie, en Italie, en Suède et en Belgique. Il est à préciser que toutes ces sociétés savantes utilisaient les moyens de communication de masse tels que les revues scientifiques, les journaux, des congrès et des conférences publiques. La société allemande d'anthropologie, d'ethnologie et de la préhistoire disposait de vingt-cinq représentations locales réparties sur l'ensemble du territoire national[8]. Le discours scientifique sur l'inégalité entre les races s'alimentait de spécimens et d'éléments de la culture matérielle dite primitive ramenés des voyages d'exploration par les géographes, ethnologues et commerçants transatlantiques. En 1886 par exemple, le médecin, homme politique et créateur de la société allemande d'anthropologie, Rudolf Virchow, saisit l'occasion que lui offrait le séjour du prince Samson Dido du Cameroun avec sa troupe en mission pour des expositions ethnozoologiques à Berlin, commandées par le célèbre promoteur hambourgeois des zoos humains[9], Carl Hagenbeck, pour procéder à la mensuration du prince[10].

---

[7] Fatima EL-TAYEB, Schwarze Deutsche. Der Diskurs um »Rasse« und nationale Identität 1890–1933, Francfort/M. 2001; Carole REYNAUD PALIGOT, La République raciale (1860–1930), Paris 2006. Voir dans cet ordre d'idées aussi l'ouvrage collectif dirigé par Sarga MOUSSA, L'idée de »race« (voir n. 6); consulter particulièrement la contribution de Claude BLANCKAERT, Les conditions d'émergence des races au début du XIXe siècle, p. 133–149.
[8] Meyers Großes Konversationslexikon, vol. 20, Leipzig, Vienne 1909, p. 224.
[9] Cette désignation un peu problématique des exhibitions ethnozoologiques est de Nicolas BANCEL et al. (dir.), Zoos humains. Au temps des exhibitions humaines, Paris 2004.
[10] Pascal GROSSE, Afrikanische Migranten in der Reichs(kolonial)hauptstadt, dans: Ulrich VAN DER HEYDEN, Joachim ZELLER (dir.), Kolonialmetropole Berlin, Berlin 2002, p. 195–201, ici p. 195.

Fig. 1: Prinz Dido in der Berliner Flora, dans: Victor OTTMANN (dir.), John Hagenbeck. Fünfundzwanzig Jahre Ceylon, Dresde 1922, p. 17.

Lors de l'exposition coloniale de Berlin, les anthropologues physiciens et les craniologues procédaient à la mensuration des indigènes venus des quatre coins des colonies pour démontrer la grandeur impériale et la supériorité ethnique des Allemands.

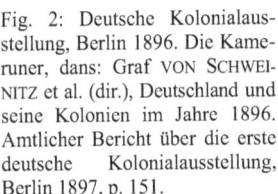

Fig. 2: Deutsche Kolonialausstellung, Berlin 1896. Die Kameruner, dans: Graf VON SCHWEINITZ et al. (dir.), Deutschland und seine Kolonien im Jahre 1896. Amtlicher Bericht über die erste deutsche Kolonialausstellung, Berlin 1897, p. 151.

Dix-huit Camerounais faisaient partie de ce contingent d'indigènes. Les résultats des mensurations ont été publiés dans la rubrique anthropologie de l'ouvrage collectif dédié à ces expositions[11]. Les fondements raciologiques de l'anthropologie constituaient donc le réservoir dans lequel puisaient toutes les nations impériales de l'époque pour justifier les inégalités entre les peuples. L'anthropologie a ainsi joué un rôle déterminant dans la formation d'une conscience nationale en Occident. En procédant par discrimination, la nation dite civilisée revivait ses contours ethniques en se mesurant à la prétendue primitivité africaine considérée comme le degré zéro de la civilisation et du progrès technologique.

D'un nationalisme intellectuel doublé d'un racisme scientifique, les sociétés occidentales basculaient vers un nationalisme et un racisme de masse. En Allemagne, les organisations pour la défense de l'intérêt national telles que le Alldeutscher Verband (1890)[12] ou pour la propagande coloniale, comme la Deutsche Kolonialgesellschaft (1882)[13] firent leur credo de la lecture des différences, culturelle et biologique, entre les peuples de la métropole et ceux de la colonie. La littérature et particulièrement la littérature de jeunesse, la presse et les exhibitions coloniales se présentaient comme des médias privilégiés à travers lesquels ce racisme populaire fut vulgarisé. Les programmes scolaires et universitaires (instituts coloniaux) n'étaient pas en reste, au moment où l'entreprise coloniale était considérée comme vitale pour la survie de la nation.

Comme le rappelle si bien l'historien Eric Deroo, l'Europe sacralisait par ce fait même la science dans la deuxième partie du XIXe siècle. Cette science était considérée comme source de modernité, de progrès et de bienfaits sociaux. En mettant en place les instruments pour lire et mesurer le monde, l'Occident avait installé une hiérarchie des peuples fondée sur la modernité, sur l'état du développement. D'après la classification hiérarchique, les peuples ›blancs‹ étaient les plus civilisés, puis venaient les peuples anciennement civilisés mais qui avaient dégénéré, comme ceux d'Asie, puis les peuples difficiles à classer, comme ceux du Maghreb par exemple, et enfin les peuples certes en marche vers le progrès, mais qui en étaient encore très loin, à savoir ceux d'Afrique[14]. Dès lors que la hiérarchie raciale était théoriquement acquise, il fallait la documenter. C'est alors que toute la machine de monstration, de mensuration du primitivisme se mettait en branle. La diffusion effrénée des images différentialistes et dépréciatives de l'altérité culturelle et biologique des indigènes d'Afrique dans l'espace public allemand visait non seulement à renforcer chez les Allemands le sentiment d'appartenir à la race de privilégiés que la nation venait de consacrer, mais aussi à les aligner sans réserve derrière l'entreprise coloniale considérée comme salvatrice pour les indigènes.

Le champ de production du savoir racial sur les Camerounais en Allemagne est caractérisé par des institutions et des médiateurs. Comme institutions nous pouvons citer

---

[11] Dans la deuxième partie du collectif dite scientifique, le professeur von Luschan signe l'article sur l'anthropologie, cf. Graf VON SCHWEINITZ et al. (dir.), Deutschland und seine Kolonien im Jahre 1896. Amtlicher Bericht über die erste deutsche Kolonialausstellung, Berlin 1897.
[12] Alfred KRUCK, Geschichte des alldeutschen Verbandes, Wiesbaden 1954.
[13] Fünfzig Jahre Deutsche Kolonialgesellschaft (1882–1932), publ. par Deutsche Kolonialgesellschaft, Berlin 1932.
[14] Anonyme, Eric Deroo et la survivance du mythe impérial. »L'image des colonies a tenu lieu de réalité«, dans: Le Monde 2, hors série (mai–juin 2007), p. 18–21, ici p.18.

les éditeurs tels que Dietrich Reimer, Wilhelm Süsserott à Berlin, F. A. Brockhaus à Leipzig et les éditions des missions de Bâle et pallottine qui ont publié une quantité importante de textes sur la mission civilisatrice et l'agitation coloniale.

Le sécrétariat d'État aux Colonies (*Reichskolonialamt*), à travers le Département colonial (*Kolonialabteilung*) et surtout le Conseil colonial (*Kolonialrat*), a été la cheville ouvrière dans les différents transferts de savoirs dans la mesure où il a financé en grande partie les voyages d'enquête et d'exploration au Cameroun et soutenu financièrement la publication des résultats d'enquête. Cette institution a également financé des instituts de recherche œuvrant pour la cause coloniale, comme le Séminaire des langues orientales créé en 1887 et spécialisé dans la formation des interprètes et des fonctionnaires coloniaux. Il est aussi à mentionner que l'institut colonial de Hambourg, créé en 1908 et spécialisé dans la formation des commerçants coloniaux, n'aurait pas vu le jour s'il n'avait reçu l'appui financier du secrétariat d'État aux Colonies. Ce ministère disposait aussi d'un organe de diffusion du savoir colonial à grande échelle intitulé »Deutsches Kolonialblatt«, organe créé en 1880 et géré par le Département des colonies.

La Deutsche Kolonialgesellschaft, pour sa part, a financé plusieurs voyages de découvertes du Cameroun et a fait ériger plusieurs musées coloniaux dans les grandes métropoles allemandes du *Kaiserreich* telles que Berlin, Hambourg, Brême, Düsseldorf, Leipzig. En 1913, la Deutsche Kolonialgesellschaft comptait plus de 42 000 membres[15]. Si l'on part du fait que tous les membres étaient abonnés, le tirage de son organe d'expression, la »Deutsche Kolonialzeitung«, peut être estimé à plus de 42 000 exemplaires. Cet hebdomadaire avait pour rôle d'informer l'opinion sur les activités coloniales allemandes et d'inciter les investisseurs potentiels à s'orienter vers les colonies. Ceci passait par l'organisation des conférences, des congrès et surtout des expositions coloniales sur l'étendue du territoire national.

Forts de tout ce dispositif médiatique de vulgarisation de la pensée raciale à travers la propagande coloniale dans la sphère publique, les Allemands, sans devoir voyager, pouvaient rêver des Camerounais types à travers la littérature de voyage disponible; ils pouvaient s'informer scientifiquement sur eux à travers les journaux et revues, les visiter dans les zoos chez Hagenbeck ou lors de toutes autres exhibitions ethnozoologiques. Pour rendre compte de manière explicite de l'apport des Camerounais dans la construction de l'imaginaire antinational allemand pendant l'époque que couvre cette analyse, je vais procéder au repérage de la doxa »racialisant« cet imaginaire dans quelques textes de littérature coloniale portant sur le Cameroun.

---

[15] Cf. Deutsches Kolonial-Lexikon (1920), vol. 1, p. 302 (http://www.ub.bildarchiv-dkg.uni-frankfurt.de/Bildprojekt/Lexikon/Standardframeseite.php?suche=deutsche+kolonialgesellschaft, consulté le 25/05/2009).

LA REPRÉSENTATION DE L'ALTÉRITÉ CULTURELLE AFRICAINE COMME VULGARISATION D'UN RACISME POPULAIRE DANS L'ESPACE PUBLIC IMPÉRIAL LE CAS DU CAMEROUN

Les textes littéraires dont je vais analyser la dimension raciale sont écrits par des écrivains n'ayant jamais mis pied au Cameroun. L'originalité de leurs descriptions témoigne de leur lecture et de leur réception productive des savoirs anthropologiques disponibles en Allemagne sur le Cameroun de l'époque. La pensée raciale en Allemagne wilhelminienne n'est donc pas, contrairement aux idées reçues, une affaire de quelques partisans zélés du colonialisme, mais un discours social marquant la structure mentale de toute la société.

Deux textes littéraires vont retenir mon attention dans cette analyse de cas. Le premier est celui du célèbre écrivain colonial Carl Falkenhorst[16], intitulé »In Kamerun. Zugvogels Reise- und Jagdabenteuer«. Le second est le roman de Jesco von Puttkamer avec pour titre »Das Duallamädchen«.

Le récit met en scène l'histoire du protagoniste Zugvogel, jeune bachelier de 19 ans, qui quitte Hambourg pour aller au Cameroun effectuer un stage dans une factorerie. À Douala, le lieu de son stage, il fait la connaissance d'un chercheur chevronné, le Dr Reinhold, qui l'invite à une partie de chasse autour du mont Cameroun. C'est à cette occasion que le jeune apprenti commerçant découvre les richesses fauniques et florales de la colonie. Ils traversent dans leur parcours de nombreux villages où il fait connaissance avec les populations. Au retour de la partie de chasse qui tient lieu d'excursion, Zugvogel tombe malade de fièvre et doit prendre le prochain bateau pour l'Allemagne. Voici la coulisse à travers laquelle le narrateur distille le discours racial à ses lecteurs. Le portrait que dresse ce narrateur des dignitaires locaux tels que les rois Bell et Akwa des Douala est assez éloquent:

L'apparence physique des deux rois était particulièrement intéressante. Bell, qui ne s'engouffrait qu'à contrecœur dans les vêtements européens, portait un pagne large autour des reins. Sa tête était coiffée d'un beau casque recouvert de peau de singe, qui rappelle le casque militaire bavarois. Un homme athlétiquement bâti comme Hercule, d'apparence royale, faisait ombrage à son rival. Ce dernier, roi Akwa, portait effectivement un vieux haut-de-forme d'une visière en tôle dorée sur laquelle était inscrit son nom et tenait dans la main une canne scintillante, insignes bizarres d'un chef de clan, qu'il devait à la générosité d'un commerçant hambourgeois[17].

---

[16] Pour d'amples informations sur l'œuvre de l'auteur, cf. Albert GOUAFFO, Rezipieren – literarisch verarbeiten – vermitteln. Zur Konstruktion der kamerunischen Fremde durch die Jugendliteratur im deutschen Kaiserreich, dans: Marianne BECHHAUS-GERST, Sunna GIESEKE (dir.), Koloniale und postkoloniale Konstruktionen von Afrika und Menschen afrikanischer Herkunft in der deutschen Alltagskultur, Francfort/M. et al. 2006, p. 114–130.

[17] »Interessant war vor allem die Erscheinung der beiden Könige. Bell, der sich nur ungern in europäische Kleidung *hüllte*, trug nur ein breites Tuch um die Lenden, sein Haupt aber schmückte ein schöner, mit Affenfell überzogener Helm, der an den bayerischen Raupenhelm erinnerte. Ein herkulisch gebauter Mann, von wahrhaft königlichem Aussehen, stellte er seinen Rivalen tief in den Schatten. Dieser, König Aqua, trug nämlich einen Cylinder [sic] mit einem

Les deux rois sont présentés d'après le modèle raciologique déjà mentionné qui opère par discrimination. Ce modèle dichotomique ne souffre pas de jugement différencié. Soit tout est blanc et propre, soit tout est noir et sale. Selon cette perception raciste, le Noir dit primitif doit demeurer dans sa primitivité. Plus il est primitif, c'est-à-dire que sa morphologie se rapprocherait de la bestialité, plus il est beau car représentant le paradis perdu, l'échelle de valeur à partir de laquelle le narrateur et avec lui ses lecteurs lisent le chemin parcouru dans la civilisation et le progrès. Le roi Bell dans son apparence se rapprocherait de la nature, et pour cause. Aux vêtements européens, il préfère son large pagne autour des reins et un casque recouvert de peau de singe. Ceci permet au narrateur et à ses lecteurs de mieux apprécier sa nudité et la robustesse de son corps reproduit dans le récit par l'illustration suivante.[18]

Fig. 3: Carl FALKENHORST, In Kamerun. Zugvogels Reise- und Jagdabenteuer. Der reifern Jugend erzählt, mit 43 Abbildungen, Leipzig ²1887, p. 33.

Ce corps trapu rappelle celui d'Hercule, le symbole de la force brute dans la mythologie romaine. Cette perception exotique trahit les présupposés monogénistes du discours raciologique de l'anthropologie susmentionné. D'après cette lecture, il y aurait au

---

alten vergoldeten Blechschirme, auf welchem sein Name geschrieben stand, und hielt in der Hand einen *langen gläsernen Stab, sonderbare Zeichen seiner Häuptlingswürde, die er der Freigebigkeit eines Hamburger Handelshaus verdankte*« Carl FALKENHORST, In Kamerun. Zugvogels Reise- und Jagdabenteuer, Leipzig 1887, p. 32 (souligné par A. G.).

[18] Il est rappelé que cette illustration est tirée d'un journal de masse du XIXᵉ siècle, »Die Gartenlaube« de 1884, page 611, avec pour légende »König Bell mit einer seiner Frauen« (le roi Bell en compagnie d'une de ses femmes). L'auteur, Falkenhorst, n'a fait que réduire cette légende à »König Bell«. Ceci témoigne du caractère interactif de la pensée raciale et aussi de la force de l'image dans la société du XIXᵉ siècle au taux d'analphabétisme encore élevé. La reprise de l'image de presse dans un discours littéraire marque aussi la réception productive de l'écrivain qui décrit au détail près une réalité qu'il ne connaît que de seconde source. Cf. Jean-Pierre FÉLIX EYOUM, Stefanie MICHELS, Joachim ZELLER, Bonamanga. Eine kosmopolitische Geschichte, dans: Mont Cameroun 2 (2005), p. 11–47, ici p. 39.

commencement une unité des humains et seule l'histoire en aurait produit des plus développés, les blancs, et des attardés, les noirs, qui ont besoin de l'assistance des premiers. Le retard ne serait pas une fatalité. Le corps nu, corps signe, statut inerte tel que reproduit par l'illustration dans le discours littéraire, joue le rôle de focalisation et de cadrage de la lecture. Ce corps exposé représente sous forme iconographique le contraire de ce que le lecteur allemand doit considérer comme produit de la civilisation. En procédant par un contre-exemple, le narrateur fait découvrir au lecteur l'homme et la civilisation modèles qu'il représente.

D'un autre côté, la description du roi Akwa fait plutôt allusion au discours polygéniste. Selon cette lecture de prime abord contradictoire à la première, les races dites inférieures le seraient par naissance et tous les efforts déployés par celles-ci pour se rapprocher des races supérieures, c'est-à-dire européennes, seraient voués à l'échec. Le haut-de-forme que porte le roi Akwa comme insigne de distinction sociale dans la société occidentale et son bâton de commandement, distinction de dignitaire dans la culture Sawa (côtière), ne peuvent que paraître bizarres aux yeux du narrateur. La pensée raciale ne connaît pas de formes d'appropriation, d'adaptation et d'hybridité comme résultats d'échanges culturels. La haine du narrateur pour le roi Akwa fier de sa modernité se traduit sur le plan du langage par une déclinaison sémantique. Parce qu'il se veut fils de son temps, le roi Akwa se voit rabaissé au rang de chef de clan (*Häuptlingswürde*).

Des deux perspectives de représentation de l'altérité somatique et culturelle, il ressort que la culture regardante symbolisée par le narrateur et ses lecteurs implicites est engagée dans une logique de domination. Elle se sert de la culture regardée comme image inversée de l'identité.

Le second exemple que je m'en vais présenter maintenant est tiré du roman »Das Duallamädchen« de l'écrivain Jesco Leo Constantin von Puttkamer. L'action se déroule au Cameroun et présente la vie quotidienne du commerçant Sven Beckmanns, qui arrive au Cameroun pour remettre sur pied une factorerie hambourgeoise pillée par les intermédiaires Douala. Le principal inculpé est Kowa, un commerçant Douala. Incapable de rembourser ses dettes en nature, c'est-à-dire par la livraison d'ivoire, de caoutchouc et de palmiste, il confie sa fille Nyámya comme vendeuse à Sven Beckmanns, qui en tombe amoureux et fini par l'épouser. La maison mère, une fois informée de son comportement peu orthodoxe, le licencie. Son emploi perdu, Sven Beckmanns rentre à Hambourg. Abandonnée par son mari, Nyámya se suicide par noyade avec sa fille Helga.

En mettant en garde ses lecteurs contre toute transgression raciale dans la colonie, le narrateur reproduit pour son compte le discours eugénique ›mixophobe‹ de l'anthropologie raciale. Il s'agit dans ce roman d'une construction discursive du pouvoir, qui procède par contrastes et contre-indications. En parcourant le texte, les lecteurs apprennent à mieux apprécier ce qu'ils sont, ce qu'ils ne sont pas et surtout ce qu'ils ne doivent pas être. Face aux haillons que portent les indigènes, ils redécouvrent les vertus du casque colonial de l'officier, du commerçant et du missionnaire de la colonie. Le porteur du costume blanc des officiers est astreint à représenter un type de valeurs que lui impose le discours sur la patrie, à savoir la noblesse, la discipline, l'ardeur au travail et le courage. Il devient plus facile d'établir un rapport direct entre la blancheur du costume et celle de la peau. La constellation actancielle et la description des différents dialogues entre les personnages allemands et indigènes renvoient aux différences raciales et aux rapports inégalitaires qui en découlent. Le champ sémantique de l'altérité se décline en antagonismes tels que lumière/obscurité, culture/nature, maître/esclave, blanc/noir. Pour rendre son discours sur l'inégalité entre les peuples de la colonie et ceux de la métropole plausible, le narrateur choisit de prêter ses idées aux personnages indigènes. C'est dans ce contexte que Nyámya dresse la comparaison suivante entre son patron et amant Sven Beckmanns et l'indigène Lóng:

> Il s'arrêta à quelques pas devant le magasin de Sven [il s'agit de l'indigène Lóng, A. G.] au moment où Nyámya scrutait avec envie les deux hommes. Que pouvait-il bien se passer dans l'esprit de cette jeune fille? Elle donnait l'impression d'être embarrassée. Comparait-elle le faciès noble et hardi de l'homme blanc aux traits de visage maîtrisé mais brutal du nègre de Bali? Lóng eut un tressaillement enragé à la bouche lippue et aux robustes mâchoires, mais plia l'échine face à la haute intelligence de son maître[19].

Nous assistons dans ce portrait à une mise en scène des hommes dits civilisés et primitifs. L'homme »blanc« est caractérisé par un faciès noble et hardi (*edle*[r] *kühne*[r] *Gesichtsschnitt*), par une apparence sûre, alors que le »nègre« de Bali est reconnu par ses accès de brutalité. L'indigène est ainsi animalisé et ensauvagé. Il tressaille comme un animal enragé (*es zuckte wild*). Sa bouche lippue et ses mâchoires robustes renforcent sa primitivité, une primitivité qui trahit ici la peur du narrateur face à la vigueur physique de l'indigène. Par la magie du discours littéraire, le narrateur rend l'indigène coupable de son infériorité. En s'inclinant devant la haute intelligence de son maître (*höhere* [...] *Intelligenz seines Herrn*) cet indigène exauce le désir de son maître blanc. Ce personnage entraîne ainsi les lecteurs dans l'auto-affirmation du complexe de supériorité allemand qui renforce leurs liens identitaires communs. Les allemands seraient tous blancs et donc intelligents, nobles et courageux alors que les indigènes du Cameroun seraient primitifs de par leur morphologie et donc inférieurs.

CONCLUSION

Nous pouvons dire en conclusion que le discours scientifique sur les races humaines a été repris sous forme de stéréotypes dans d'autres domaines sociaux et artefacts,

---

[19] »Einige Schritte vor Svens Lager blieb er [es handelt sich um den Aufseher Lóng aus Bali] stehen, während Nyámya beide mit erwartungsvollen Blicken betrachtete. Was mochte wohl in der Seele des jungen Duallamädchens vorgehen? Ihre Züge gaben eine fast atemlose Spannung wieder. Verglich sie den *edlen kühnen Gesichtsschnitt des weißen Mannes mit dem gebändigten Ausdruck in den brutalen Zügen des Balingers*? Es zuckte *wild* um den *wulstigen* Mund und die harten *Backenknochen* Lóngs, aber er beugte sein Haupt vor der *höheren Intelligenz seines Herrn*«, Cf. Jesco VON PUTTKAMER, Das Duallamädchen, Leipzig 1908, p. 44–45.

comme le montre la doxa de la littérature coloniale. Cette doxa comportait une dimension pragmatique indéniable dans la construction d'une imagerie nationale. L'analyse des textes littéraires a montré la prise en charge du paradigme racial dans la perception allemande de l'altérité culturelle au *Kaiserreich*.

L'Allemagne, contrairement aux idées reçues, a bien développé au cours de son histoire une pensée raciale qui ne se réduit pas à l'antisémitisme. L'espace colonial camerounais a apporté sa modeste contribution à la constitution de l'identité nationale allemande considérée comme unité raciale avec un portrait physique et moral précis. Les indigènes camerounais, tout comme les indigènes d'autres colonies, représentaient l'Allemand en négatif et permettaient de créer l'ouvrier, le militaire, le commerçant et le bourgeois. Tous savaient qu'ils appartenaient à la modernité parce qu'il existait un ›monde en dessous‹, le monde colonisé. Le Cameroun comme colonie a joué le rôle de repoussoir sur lequel se forgeait l'identité d'une nation allemande tardive[20].

---

[20] Voir pour de plus amples informations l'ouvrage de l'auteur, Wissens- und Kulturtransfer im kolonialen Kontext. Das Beispiel Kamerun-Deutschland (1884–1919), Würzburg 2007 (Saarbrücker Studien zur vergleichenden Literatur- und Kulturwissenschaft, 39).

MAMOUDOU SY

»Peuplades« ou descendants de chorfas*?
Représentations au XIXᵉ siècle des peuples de la Sénégambie septentrionale

La Sénégambie est définie comme la région s'étendant *grosso modo* de la Mauritanie méridionale aux deux Guinées (Conakry et Bissau) du nord au sud. À la Sénégambie septentrionale correspondent actuellement la Mauritanie méridionale et le Sénégal septentrional et central. Nous nous intéressons pour notre part à l'État précolonial du Fuuta Tooro et des régions voisines, comme le Soudan occidental, ayant accueilli les Fuutankoobe[1] au XIXᵉ siècle. Certaines de ces populations, de par leurs récits d'origines, se disent originaires de l'épicentre du monde musulman et déclarent n'être liées généalogiquement à aucun convertisseur arabe ou berbère. Quel est le discours officiel de la représentation de ces peuples africains au XIXᵉ siècle? Comment évolua entre 1820 et 1891 la vision que l'administration coloniale française, les missionnaires et explorateurs eurent des populations de la Sénégambie septentrionale? Telles sont les questions centrales auxquelles nous allons répondre, en faisant appel aux documents d'archives coloniales françaises, aux récits de voyages et à la tradition orale.

L'ÉLITE POLITIQUE ET RELIGIEUSE ET SA REPRÉSENTATION

La communauté dirigée par des marabouts[2] descendants d'agriculteurs installée dans un territoire situé dans la vallée du Sénégal, entre les villes actuelles de Dagana (région de Saint-Louis) et de Dembankané (région de Matam), prend le pouvoir en 1776 des mains d'une aristocratie dite des Satigi qui sont des Fulbe comme eux. Certains d'entre eux se considérèrent supérieurs à leurs frères de race noire en se construisant un nouveau récit des origines qu'ils codifièrent et dont ils confièrent la vulgarisation à un

---

* »Chorfas« signifie les descendants du prophète de l'Islam, Mohamed. Le mot est dérivé de »chérif« ou »sharif«.
[1] Habitants du Fuuta Tooro. Ils sont très majoritairement des Toucouleurs. On note une minorité Wolof et Soninke aux extrémités occidentale et orientale.
[2] Ce terme viendrait de *murabit*. Il s'agit d'une sainte personne qui entretient une relation spéciale avec Dieu. Ce qui lui donne le pouvoir de transmettre la grâce de Dieu vers la communauté des croyants. Lire Julia CLANCY-SMITH, Rebel and Saint. Muslim Notables, Populist Protest, Colonial Encounters (Algeria and Tunisia, 1800–1904), Berkeley, Los Angeles, Oxford 1997.

groupe social des *gawlo* ou *gewel* (griots). Les nouveaux gouvernants du Fuuta Tooro se trouvèrent de nouveaux ascendants provenant d'Asie[3]. Prenons l'exemple de quelques-unes des familles. Les Kan font remonter leurs origines les plus lointaines jusqu'à un certain Aayel, qui aurait quitté Damas pour s'installer au Macina (république du Mali), puis à Rachid (république de Mauritanie), Tulde Gasama (Tendagassame), enfin il se fixa à Njibeniyidi où il y avait sept mosquées. Les sources orales restent imprécises sur l'identité de ses ascendants et les dates exactes d'implantation des migrants.

Les Lih auraient pour ancêtre Qadim Ely[4]. Les Sih auraient pour ascendant un certain Shems Eddin. T.P. Mbow, plus explicite, nous donne une version qui correspond à la perception réelle que ces populations ont de leurs récits d'origine:

Les deux branches de Ly sont apparentées aux Blancs. Leur ancêtre fut Diam Diam Fadala [...]. Thierno Wanewanebe et Thierno Sadel descendent de Weynde Dieng [...]. Ils sont originaires de l'Égypte. Les Kane sont originaires de Dimask Sam /Damas. Thierno Tillere, Elimane Belinabé, Tapsirou Hamat N'diaye Hane et Amar Bella Racine sont des descendants de Mouhamadou Bousmiyou, un compagnon du prophète Mohamed. Ardo Ururbe, Ceerno Siwol-Nabadji et Ardo Bantou sont des descendants de Ougbatou Boun Amri, un compagnon du Prophète. Thierno Ngapougou, Barobé Diakel et les Silla sont des anciens Sarakollés et disent que leur ancêtre fut Hamdiatou Boun Abduul Motalib, un autre compagnon du Prophète. Elimane Rindiaw est originaire de Médine, ses ancêtres sont de Bagdad. Thierno Siwol Agnam est originaire d'un lieu nommé Sowoïla, un marigot qui se trouve prés de Médine en Arabie. Son ancêtre fut le courageux Oumar Ibn Khattab, un compagnon du Prophète[5].

Nous sommes en présence d'une compétition pour s'attribuer les origines les plus proches du foyer originel du monde musulman[6]. Un historien sénégalais, Cheikh Moussa Kamara, s'est interrogé à juste titre sur cette revendication d'altérité:»Ce qui est étrange, c'est que si les gens du Massina et ceux du Fouta Jaloo sont fiers d'être peuls, ceux du Fouta Tooro, en revanche, ne le sont pas. Se considérant comme supé-

---

[3] »La saisie de l'origine des Toucouleurs est une des questions centrales de toute recherche sur le Takrur ou le Fouta Toro. C'est une question difficile, compliquée à la fois par l'état actuel des enquêtes et la forte dose d'investissement idéologique qu'elle occasionne«. Abdourahmane BA, Le Takrur, des origines à la conquête par le Mali (VIe–XIIIe siècles), Dakar 2002, p. 60.

[4] À l'image des grandes familles *toorobbe*, les Lih déroulent un long arbre généalogique qui les rattache à de célèbres tribus arabes. Comme chez les Kan avec Hamet Juuldo Kan, c'est à partir de Jam Lih que se fit la dispersion de ses enfants à travers le Sénégambie: Juma Jam Lih s'installa à Salde Tebegut, Mbaran Jam Lih à Fanay et Ciloñ, Al Hassan Jam Lih à Salde Tebegut, Ibrahim Jam Lih à Donnay, Yakuba Jam Lih à Mboyo, Ali Jam Lih à Pete, Mamadu Jam Lih à Jaaba, Mboyeydu Jam Lih à Dara Halaybe, Omar Jam Lih et Yusuf Jam Lih à Ciloñ, Molle Jam Lih à Jaranguel, Fatimata Jam Lih à Halwar et enfin Ifra Jam Lih devint *pullo*. Voir interviews Dieynaba Ciré Kane et Coumba Dada Kane à Jaañum, novembre 2001 et novembre 2006.

[5] Thierno Pathé dit Abdourahmane Mbow, interviewé par David Robinson en 1968. Cassette consultée aux Archives of Traditional Music, Indiana University, juillet 2001.

[6] Voir Jean DEVISSE, Islam et ethnies en Afrique, dans: Jean-Pierre CHRÉTIEN, Georges PRUNIER (dir.), Les ethnies ont une histoire, Paris 1989, p. 103–115, ici p. 114–115.

rieurs aux Peuls, ils ne veulent pas qu'on les identifie avec ceux-ci. Quelle chose étrange«[7].

LA MAÎTRISE DU CORAN COMME ÉLÉMENT CENTRAL DE L'ALTÉRITÉ
LE JANGGI LAAMI

Le *janggi laami*[8] est une stratégie de légitimation et de conservation du savoir et du pouvoir. Le nouveau groupe qui a pris le pouvoir au Fuuta Tooro à la fin du XVIIIe siècle partage en commun la fréquentation des écoles coraniques appelées *dudal* ou *daara*. Le groupe se renforce par l'arrivée dans la moyenne vallée du Sénégal de populations non pulaarophones, qui vont, par rapport au contexte politique, changer de statut: c'est le cas des Wan, des Kebbe, des Jeng, des Saaxo, des Baro, etc.

Ainsi l'appellation *tooroodo* sert à la fois de référent linguistique et religieux, car il indique d'abord une mutation de l'état de non-locuteur de la langue pulaar à celui de néo-pulaarophone, ensuite de l'état de ›païen‹ à celui de musulman et enfin de celui de musulman non initié aux sciences coraniques à celui d'érudit. En effet, le berger peul devenu fidèle observateur des règles de l'islam se sédentarise en général. Il est alors nommé par le terme *tooroodo*, qui est dès lors marqué par une ambiguïté. Au sens large, *tooroodo* désigne un *pullo* qui s'est sédentarisé. Il peut être *gawlo* (griot), *cubbalo* (pêcheur), *maabo* (tisserand) etc. Pris dans ce sens, le terme *tooroodo* se différencie du terme *pullo*, qui renvoie à l'éleveur nomade.

Étymologiquement, *tooroodo* provient du verbe *toraade*, c'est-à-dire »mendier«. Les pulaarophones de la moyenne vallée du Sénégal utilisent eux le verbe *yelaade*. Les jeunes étudiants en sciences coraniques (*taalibabe* ou *talibe*) devaient mendier leur nourriture devant chaque concession avec une sébile ou une petite calebasse devant contenir des restes de nourritures, des céréales etc. Il s'oppose au terme *ceddo* qui désigne en pulaar un non-pulaarophone.

L'existence d'un État bien organisé dans le Fuuta Tooro à partir de 1776, à la tête duquel se trouvaient les *toorobbe*[9] ainsi que la compétition pour l'accès à la terre (surtout les *kolaade* du Waalo), seraient les éléments explicatifs de la confection de nouveaux récits sur les origines au XIXe siècle. Ainsi chaque grande famille du Fuuta Tooro voudrait se rattacher à celle du prophète de l'islam. Il y a aussi la concurrence ›généalogique‹ vis-à-vis des familles chérifiennes blanches de la rive droite du fleuve Sénégal: les Berbères et les Arabes.

---

[7] Jean SCHMITZ (dir.), Florilège au jardin de l'histoire des Noirs. Zuhûr al Basatin, tome 1: L'Aristocratie peule et la révolution des clercs musulmans (vallée du Sénégal), Paris 1998, p. 425.
[8] Il s'agit d'un mot composé du pulaar parlé dans la vallée du Sénégal. Il signifie littéralement gouverner grâce à ses capacités intellectuelles et à la maîtrise des sciences islamiques.
[9] C'est le pluriel de *tooroodo*, un membre du groupe social des *toorobbe*.

DE LA PERCEPTION DE L'ALTÉRITÉ SOCIALE, GÉOGRAPHIQUE ET RELIGIEUSE

Les écrits relatifs aux origines et à la classification des Fulbe sont marqués jusqu'ici par deux insuffisances. La première est la différenciation faite entre les Fulbe dits »rouges et pastoraux, nomades et païens«[10] et les Fulbe »noirs, sédentaires et islamisés, bâtisseurs d'États«[11]. La seconde est que les travaux qui leur sont consacrés sont marqués par la concentration des recherches sur un seul groupe sans explorer les connections.

Ce critère classificatoire faisant référence à l'appartenance ou non à l'Islam remonterait au Xe siècle[12]. Il est hérité des auteurs arabes tels que Al Bakri[13], Ahmed Baba et Al-Maghili[14]. Le terme »Tukulër«, forme francisée de l'arabe »Tekrur« ou »Takruri«, fut utilisé par les voyageurs européens qui transformèrent le toponyme en un groupe ›ethnique‹ spécifique[15]. Ca Da Mosto, qui connaissait les Sereer, les Fulbe, les Wangara et les Wolof, fut le premier à désigner ce peuple par le terme »Thucaror«[16] au XVe siècle. Il s'agit aussi d'une déformation de »Takrour« ou »Takrouri«. Cependant, ce terme n'a jamais désigné un groupe ethnique spécifique.

Ainsi dès 1339, une carte de l'Afrique et de l'archipel canarien établie par Dulcert porte la mention de »Tochoror«. En 1375, sur l'Atlas catalan figure une vignette avec le toponyme »Tacorom« ou »Takrur«[17]. En 1506, Don Pacheco établit une carte où figure »le royaume de Tucurol«. Le passage de la forme arabe à la forme européenne s'est accompagné d'un glissement sémantique. Il sert à partir de ce moment à désigner un peuple de la vallée du Sénégal, aux XVIIe et XVIIIe siècles notamment. Dans la première moitié du XIXe siècle, la confusion persistera, lorsqu'en Sénégambie septen-

---

[10] Derrick J. STENNING, Cattle Values and Islamic Values in a Pastoral Population, dans: Ioan M. LEWIS (dir.), Islam in Tropical Africa, Oxford 1966, p. 194–205.
[11] Jean SCHMITZ, Histoire savante et formes spatio-généalogiques de la mémoire (Haalpulaar de la vallée du Sénégal), dans: Cahier des sciences humaines 26 (1990), p. 490.
[12] »C'est un fait généralement admis: jusqu'au XIe siècle – peut-être parfois seulement jusqu'au Xe –, les visiteurs musulmans de l'Afrique orientale n'ont guère pénétré au sud du Sénégal et du Niger, au sud d'Assouan, dans la vallée du Nil; s'agissant des côtes de l'Afrique orientale, l'équateur n'est vraisemblablement régulièrement dépassé qu'à partir du IXe siècle« (DEVISSE, Islam et ethnies [voir n. 6], p. 107).
[13] Vincent MONTEIL, Al-Bakri (Cordoue 1068), routier de l'Afrique blanche et noire du Nord-Ouest, Dakar 1968.
[14] Al Maghili fit, au début du XVIe siècle, un inventaire dans le pays des Noirs au profit de l'empereur Songhay et pour le salut de la Umma, pour désigner clairement qui est musulman et qui ne l'est pas. Lire Jean CUOQ, Recueil des sources arabes concernant l'Afrique occidentale du VIIIe au XVIe siècle, Paris 1975, p. 412–423.
[15] »Quant aux Toucouleurs, ce mot perpétue l'ancien ›Tekrur‹ (*takrour*) ›ambulant‹ des auteurs arabes au moyen Âge, depuis Al Bakri et le XIe siècle« (Vincent MONTEIL, L'Islam noir, Paris ²1971, p. 84–85).
[16] Ca Da MOSTO, Relation de voyages à la côte occidentale d'Afrique: 1455–1457, publiée par Christian SCHEFFER, Paris 1895, p. 33.
[17] Yoro FALL, L'Afrique à la naissance de la cartographie moderne (XIVe–XVe siècles), Paris 1988, p. 122.

trionale, les Européens vont désigner les marabouts musulmans sédentaires de la vallée par le terme »tooroodo«.

LES EUROPÉENS AU CONTACT DE L'INTÉRIEUR DE L'AFRIQUE AU XIXe SIÈCLE ET LEUR PERCEPTION DE L'ALTÉRITÉ

Le mandat du gouverneur de la colonie du Sénégal Julien Schmaltz (1816–1820) est marqué par une volonté de rattraper le temps perdu après l'intermède des Anglais (de 1759 à 1779 et de 1807 à 1816)[18]. Mais le gouverneur n'avait pas les moyens militaires de »civiliser les peuplades riveraines du fleuve Sénégal«[19]. Il doutait d'ailleurs des capacités des Noirs: »Quoique parfois très subtile dans les détails, leur politique n'embrasse pas d'ensemble. À cause de leur défiance, de l'inconsistance de leur caractère«[20].

Au début du XIXe siècle, Gaspard Théodore Mollien (1796–1872) s'intéressa à l'exploration de la Sénégambie. Mollien, fils d'un procureur au Parlement français, commis de la marine quand il gagna le Sénégal pour un premier séjour en 1816, un an après la restitution de la colonie. En 1818, il entreprit volontairement un voyage avec comme ambition la découverte des sources du Sénégal, de la Gambie et du Niger au Fuuta Jalon. L'expédition géographique dura un an et révéla les sources du Rio Grande, de la Gambie et de la Falémé. Il visita le Kajoor, le Fuuta Tooro, le Joloof etc... Il avait un guide qui s'exprimait en arabe, en pulaar et en wolof, lui-même s'exprimant presque parfaitement en wolof. Son récit de voyage, avec carte et vue à l'appui, fut publié pour la première fois en 1820, un an après la fin de son exploration au Fuuta Jalon. La deuxième édition datant de 1822 est de l'avis même de l'auteur la plus correcte.

Mollien insiste sur ce qui différencie les populations:

En effet, tous les États mahométans que j'ai l'occasion de visiter sur la côte d'Afrique sont fédératifs, tandis que les peuples païens gémissent sous la tyrannie la plus atroce. Ainsi les Peules et les Mandingues jouissent d'un gouvernement doux, les Iolofs sont continuellement exposés aux caprices farouches de leurs souverains[21].

Un autre auteur continua sur cette lancée et utilisa dans ses écrits le terme »Toucouleur«. Il s'agit de David Boilat; né le 20 avril 1814 à Saint-Louis du Sénégal, celui-ci était un missionnaire catholique métis franco-africain. Il fut confié à la mère Javouhey par son père. Elle l'envoya en 1827 en France pour ses études religieuses. En 1841, il reçut son ordination en France et en 1843 il retourna à Saint-Louis, sa ville natale, où il

---

[18] Mamadou DIOUF, Le Kajoor au XXe siècle. Pouvoir ceddo et conquête coloniale, Paris 1990.
[19] Archives nationales du Sénégal (ANS), 2B24, Gouverneur Ollivier au ministre des Colonies, Saint-Louis le 4 avril 1846, dépêche n 148.
[20] ANS, 2B5, Gouverneur Schmaltz au secrétaire d'État de la Marine et des Colonies, Saint-Louis, le 27 mars 1820, dépêche n 82.
[21] Gaspard Théodore MOLLIEN, L'Afrique occidentale en 1818, London 1820, p. 65.

fonda une école secondaire[22]. Deux ans plus tard, il se réinstalla sur l'île de Gorée afin d'étudier »l'histoire et les sociétés de l'intérieur«[23]. Il a été victime de ses ›frères‹ de Ploermel et ceux du Saint-Esprit. Il y a dans ce conflit des relents racistes.

Son livre, intitulé »Les Esquisses sénégalaises. Physionomie du pays, peuplades, commerce, religion, passé et avenir, récits et légendes«, parut en 1853, dix ans après son retour au Sénégal et est considéré comme la première production littéraire d'un Sénégalais en français. Les douze chapitres du premier volume se répartissent suivant les différentes régions du Sénégal et leurs populations.

La confusion dans les tentatives de présentation des peuples fut entretenue par les visiteurs européens au XIXe siècle, entrés en contact avec les Fuutankoobe, qui choisirent de prime abord comme élément d'altérité la couleur de la peau! De ce point de vue, d'une part »le vrai type et sans mélanges« se rencontre parmi les Peuls »couleurs bronze, rouge« qui »sont des hommes sans nations, sans chefs«, d'autre part les croisements avec les Noirs engendrent les Toucouleures, qui sont des »fanatiques rigides observateurs du Koran«[24]. L'appellation »Tukulër« (Toucouleur), un élément d'identité à base religieuse, était promise à un bel avenir.

Deux facteurs influencèrent les études sur la pensée raciale. Il s'agit d'une part de la naissance et du développement de l'anthropologie physique française. En effet, en France, de nombreuses sociétés savantes furent créées à partir de la deuxième décennie du XIXe siècle dans les domaines de la géographie et de l'anthropologie: la Société de géographie de Paris fut fondée à Paris en 1821, éditant dès 1822 sa revue, le »Bulletin de la Société de géographie«. La Société ethnologique de Paris fut fondée en 1839; la Société d'ethnographie française en 1847; en 1859, naquit la Société d'anthropologie de Paris avec sa publication, le »Bulletin de la Société d'anthropologie de Paris«. En dehors des sociétés savantes, d'autres publications, comme les »Nouvelles Annales de voyages« (1819–1865), un recueil de traductions de voyages inédits, ou la »Revue coloniale« (1843–1858) virent le jour. Un intérêt supplémentaire fut donné à l'Afrique et à sa population.

LES MANDATS DE FAIDHERBE COMME GOUVERNEUR DE LA COLONIE (1854–1861, 1863–1865) ET LA DOUBLE STIGMATISATION DU NOIR

Nommé gouverneur en décembre 1854, Faidherbe entreprit plusieurs travaux ethnographiques afin de mieux connaître les populations. Il créa dès sa nomination deux

---

[22] Certainement la première école secondaire de Saint-Louis. Jusqu'en 1903, les congréganistes contrôlaient l'école dans la colonie. Lire Mamoudou Sy, École française contre daara (école coranique) au XIXe siècle. La volonté de civiliser les peuples de la Sénégambie, publié par Institute for the Study of Islamic Thought in Africa (ISITA), Northwestern University, Evanston, Institut islamique de Dakar, Actes de l'atelier: L'enseignement islamique au Sénégal: Histoire, transformations et actualités, Dakar, 8–10 août 2007.

[23] Abbé BOILAT, Esquisses sénégalaises, Paris 1853, p. 34.

[24] Ibid., p. 384–385.

périodiques: »Annuaire du Sénégal et dépendances« et »Moniteur du Sénégal et dépendances« destinés à la publication des actes officiels, mais aussi des essais historiques, anthropologiques, économiques et politiques.

Fin novembre 1855[25], à l'occasion d'une réception offerte en son honneur par les notables de la ville de Saint-Louis pour le féliciter des grandes réalisations opérées en moins d'un an de magistère, le gouverneur Faidherbe prononça un discours, qui resta la feuille de route pour lui et ses successeurs à la tête de la colonie. Faidherbe expliquait que c'était le caractère instable de la présence française qui avait causé une fluctuation extrême des relations politiques avec les peuplades riveraines de la vallée du Sénégal[26]. Ainsi, déclairait Faidherbe, »le nom français, partout dédaigné était devenu synonyme de tributaire, et les Maures qui habitent la rive droite du fleuve Sénégal avaient profité de cette faiblesse apparente pour dominer et dépeupler la rive des Noirs«, c'est-à-dire la rive gauche[27]. À son avis, il était injuste que la France, »cette vieille et noble nation qui marche depuis des siècles à la tête de la civilisation du monde, paye un tribut religieux à des peuplades sauvages qui ont appris depuis quelques années le Koran?«[28] Il allait se charger de remettre ces populations blanches (Maures) ou noires (Wolof, Fulbe, Soninke) à leur place.

À deux reprises, dans son discours, le gouverneur Faidherbe prononce le terme »peuplade« et, la deuxième fois, il met les pieds dans le plat en y adjoignant le terme »sauvage«. Alors il fallait les faire rentrer dans le monde civilisé avec un préalable, leur annexion à la colonie. Il entreprit la conquête militaire de la Sénégambie et ajouta d'abord en 1855 le royaume du Waalo à la colonie. Faidherbe fit aussi de l'impérialisme linguistique et culturel une priorité.

L'école française était un moyen important, efficace pour extirper ces peuplades de l'état sauvage. En 1856, il créa l'École des otages[29] pour enrôler les fils de chefs traditionnels africains et catalyser l'expansion du rayonnement de la civilisation française dans ce monde de ténèbres. La même année, il commit dans la »Revue coloniale« un article intitulé »Populations noires des bassins du Sénégal et du Haut-Niger«[30]. Il voulait »présenter le tableau actuel d'une partie des contrées de l'Afrique occidentale«. Il insistait sur la distinction des races du Soudan occidental d'une manière générale.

En 1857, Faidherbe prit un arrêté qui contrôlait et réglementait les *daaras* (écoles coraniques), qui étaient la base de l'éducation islamique[31]. Pourquoi? Parce que, selon l'administration coloniale, ces écoles coraniques transformaient vicieusement la mentalité des jeunes Africains et constituaient un frein au rayonnement de la civilisation

---

[25] Exactement le 11 novembre 1855, lors d'un banquet offert par la bourgeoisie locale.
[26] Moniteur du Sénégal et dépendances, 1855–1859.
[27] Il faut noter que c'est Faidherbe qui a théorisé et imposé la transformation du fleuve Sénégal en frontière entre la Négritie et la Mauritanie. Ce qu'il n'a jamais été.
[28] Moniteur du Sénégal et dépendances, 1855–1859.
[29] Qui devint en 1892, après une période de léthargie, l'École des fils de chefs et des interprètes.
[30] Louis FAIDHERBE, Populations noires des bassins du Sénégal et du Haut-Niger, dans: Revue coloniale, 2ᵉ série, 16 (1856), p. 328–341.
[31] Pour plus de détails, lire SY, École française (voir n. 22).

française. La même année, il mit sur pied le bataillon des tirailleurs sénégalais pour éduquer cette classe d'âge qui avait échappé à l'école.

En 1858, le général Faidherbe prit une décision consistant à changer l'appellation d'un service de la colonie:»la direction des Affaires extérieures«, chargée des relations avec les États sénégambiens, en »direction des Affaires indigènes«. Le terme »indigène« montre le caractère inférieur que le gouverneur donne à ces peuples, légitimant ainsi l'entreprise coloniale. En 1859, il publia un second livre de 99 pages ayant pour titre:»Notice sur la colonie du Sénégal et sur les pays qui sont en relation avec elle«.

Les portes de l'école et de l'armée que Faidherbe ouvrit aux Noirs leur assuraient des perspectives de carrière minable. Le général Faidherbe fut, au total, l'auteur d'une quinzaine d'ouvrages relatifs à l'anthropologie, à l'histoire, aux parlers pulaar, wolof, soninke, berbère, arabe, hassania et sereer. Les travaux sur les peuples africains comportaient souvent un élément d'appréciation sur leur aptitude au travail, leur docilité et les produits qu'ils pouvaient fournir à la colonie. L'essentiel était de les faire travailler au maximum; ce qui était difficile, car d'après le gouverneur Brière de l'Isle:»Les Noirs sont difficiles à faire sortir de leur apathie et de leur paresse«[32].

Les administrateurs coloniaux, préoccupés au XIXe siècle à faire subir aux »peuplades« de la Sénégambie la domination française, étaient convaincus cependant que celles-ci traînaient au moins deux tares: soit elles étaient noires et musulmanes, soit elles étaient noires et païennes!

Une guerre sainte fut menée par El Hajji Umar Taal (né vers 1796 et mort en 1864) qui symbolisa le *tooroodo* typique aux yeux des Français: violent, fanatique et guerrier. Selon le capitaine Flize de l'état-major de la colonie du Sénégal:

Les gens du Dimar ont été par le passé la terreur des traitants français. Musulmans fanatiques et orgueilleux, ils doivent à la pratique des lois du Koran des garanties dont manquent leurs voisins du Walo et du Kajor, soumis aux seuls caprices des chefs grossiers et despotes; mais ils ont aussi poussé à l'excès les vices qu'engendre l'islamisme[33].

Analysant l'action d'El Hajji Umar Taal, le général Faidherbe, un ancien de l'Algérie qui influença beaucoup l'administration locale dans la théorie de l'encerclement de la colonie du Sénégal par des forces musulmanes hostiles, disait:

El Hajji Umar, *toorodo* des environs de Podor, prêcha une guerre sainte et après avoir été repoussé par nous de la partie navigable du Sénégal, entreprit la fondation d'un vaste empire peul musulman occidental sur le haut Niger et le haut Sénégal pour faire le pendant de l'empire peul oriental fondé par Othman Dan Fodio[34].

Faidherbe, se demandant si la conversion à l'islam était un progrès pour les Noirs, précisera:»quoique ses imperfections deviennent si flagrantes au contact d'une société

---

[32] ANS, 2B46, gouverneur Brière de l'Isle au ministre, Saint-Louis, 7 novembre 1878.
[33] Moniteur du Sénégal et dépendances, n 110, 4 mai 1858.
[34] Moniteur de l'Algérie, Alger 1er septembre 1866, général Faidherbe.

plus éclairée«[35]. Il faisait allusion aux Arabes, aux Berbères et aux Turcs, qui dans son entendement sont plus éveillés que les Noirs. Pour donner une facette du caractère infantile du Sénégambien, il donne un exemple:

> On peut citer 1000 faits atroces à l'appui de ce que nous avançons; contentons nous de celui-ci qui n'est que comique. Daou Demba, roi du Cayor (royaume Wolof), en 1640, défendit à ses sujets de saler les aliments parce qu'il n'était pas convenable que de simples sujets se servissent d'un condiment dont le roi faisait usage[36].

Faidherbe initia en 1858 une campagne pour susciter la haine entre les différents peuples sénégambiens, lorsque El Hajji Umar revint en Sénégambie septentrionale. Faidherbe et son équipe du bureau politique[37] adressèrent une série de correspondances anti-umariennes aux rois et notables (wolof) du Kajoor[38], aux habitants du Njambur[39], aux tribus (mauresques) de l'est du Sahara[40], aux chefs des pays wolofs, au Buur ba Jolof[41], etc. Le contenu est le même: »El Hadji a détruit tout le pays de l'Est. Comme il n'y a plus de villages, de mil, de troupeaux et de pillages à faire que dans ce pays où il vient, ce sont vos biens qu'il veut. Si vous êtes assez sots pour vouloir vous laisser faire...«[42]. Pour mieux ferrer ses correspondants, le discours faisait allusion à l'étiquetage ethnique:

> Les Toucouleurs du Fouta qui n'ont ni travaillé ni fait du commerce depuis trois ans sont dans la plus grande misère. Ils ont dévoré tous les pays de l'Est, *tiédos* [païens] ou marabouts. [...] les Toucouleurs voudraient venir dévorer les pays ouoloffs qui sont riches parce qu'ils travaillent et font du commerce. Mais les Ouoloffs ne les laisseront pas faire et nous irons au secours des Ouoloffs...[43]

Et après Faidherbe? La même pensée à l'égard du Noir continue. La présentation des *toorobbe* d'une manière particulière et des Toucouleurs d'une manière générale comme un peuple fanatique, orgueilleux par Flize, puis Faidherbe est confirmée par le gouverneur Valière:

---

[35] Ibid.
[36] Ibid.
[37] Flize, Bou El Mogdad, etc.
[38] ANS, 3B91, correspondance de Flize à Damel, en date du 3 juillet 1858, pièce 8; correspondance de Faidherbe à Damel, en date du 3 février 1860, pièces 64/65, et du 15 mars 1860, pièce 57.
[39] ANS, 3B91, correspondance de Faidherbe aux gens du Ndiambour, en date du 1er septembre 1858, pièce 9, en date du 17 septembre 1858, pièce 56 versos, correspondance de Faidherbe aux Maures Sidi Makhmoud; ANS, 3B92, correspondance de Faidherbe à Sidi Mouhamed en date d'août 1858.
[40] ANS, 3B92, correspondance de Faidherbe aux tribus de l'Est, 1859, lettre n 1.
[41] ANS, 3B92, correspondance de Faidherbe, en date du 1er septembre 1858, pièce 22 verso.
[42] ANS, 3B91, correspondance de Faidherbe aux gens du Ndiambour, Saint-Louis, en date du 1er septembre 1858, pièce 9.
[43] ANS, 3B92, correspondance de Faidherbe aux chefs et habitants ouoloffs, Saint-Louis, en date du 1er septembre 1858, pièce 22 verso.

Ces interminables guerres intestines qui ensanglantent constamment le Fouta dérivent de la situation politique de ce pays, du caractère et des usages de ses habitants: d'ailleurs si les Toucouleurs n'étaient pas tous à leurs luttes intestines, ils porteraient la guerre chez leurs voisins, tant l'esprit de cette population est turbulent et son humeur guerrière[44].

Un autre groupe ethnique est aussi évalué. Selon le gouverneur de la colonie du Sénégal, Valière, les Mandingues sont paresseux, voleurs et très turbulents[45]. Jauréguiberry, gouverneur de la colonie quelques années plus tôt, était sceptique quant aux capacités des Noirs à s'adonner à des activités économiques. En 1862, il proposa à ses supérieurs hiérarchiques l'installation sur la bande côtière s'étendant de Lompoul au Cap-Vert – c'est-à-dire de Louga à Dakar dans la zone des Niayes – de quelque 20 000 émigrés chinois et indiens, qui deviendraient propriétaires terriens au bout de trois ans de séjour! Il suggéra aussi que soient dirigés vers ces contrées des esclaves fugitifs de la Virginie qui devaient aller à Haïti[46]. Il insista sur la violence qui perdurait en Afrique, mais s'abstint d'en donner toutes les causes.

Ces guerres ensanglantent le continent africain, dont le trafic des esclaves ou des mœurs barbares ont été le mobile. Autour de nous, dans la Sénégambie proprement dite, cet abandon des cultures peut être attribué aux vices des coutumes locales, qui ne garantissent pas l'agriculture contre les spoliations des chefs ou des guerriers[47].

À la fin des années 1870, le gouverneur Brière de l'Isle, qui resta à la tête de la colonie de 1876 à 1881, entretint, au dehors de la Sénégambie, une politique de confrontation entre les Toucouleurs et les Bambara, les premiers étant considérés comme des envahisseurs des seconds. Il était encouragé par la propagande coloniale des maisons de commerce bordelaises et marseillaises, par l'action des républicains et enfin par le ministre de la Marine et des Colonies, Jauréguiberry.

Dans le cadre du projet français d'expansion coloniale vers l'Est, beaucoup d'anthropologues, de voyageurs, de militaires vont sillonner le Soudan occidental avec comme principal but d'apporter la civilisation dans ce continent considéré comme étant habité par des sauvages.

C'est le cas des missions Mage et Quintin, Gallieni, Soleillet, etc. La mission d'Eugène Mage vers le haut Niger entre 1863 et 1866 est illustrative de ce dessein. Analysant en septembre 1866 depuis Alger, ses enjeux, Faidherbe, fidèle à sa feuille de route dressée en 1855 lors du banquet offert en son honneur, disait:

Le vieux monde africain, régénéré par la demi-civilisation musulmane, galvanisé par le fanatisme, pressent que c'est par cette brèche de la vallée du Sénégal que la race européenne et son cortège

---

[44] ANS, 3B40, gouverneur Valière au ministre des Colonies, Saint-Louis, mars 1873.
[45] Ibid.
[46] ANS, 2B33, gouverneur Jauréguiberry au ministre des Colonies, Saint-Louis, 7 mars 1862, pièce 126, Rapport sur la culture des terrains au Sénégal. Demande d'émigrants chinois et indiens.
[47] Ibid.

d'idées et d'institutions pénétrera avant peu jusqu'au cœur de ce continent arriéré, et, par l'instinct de conservation naturel à toute chose, il cherche à se défendre de cette invasion[48].

D'autres individus vont emboîter le pas à Mage et Quintin. Joseph Simon Gallieni (1849–1916) a des origines italiennes, mais a grandi avec les valeurs républicaines de la Révolution française. C'est un ancien de la Flèche et de Saint-Cyr. Vétéran de la guerre franco-allemande, il prit contact avec l'Afrique à la Réunion, comme lieutenant de l'infanterie de marine, avant de servir au Sénégal en 1876. Il fut brièvement commandant de poste puis servit au bureau politique, avant d'entreprendre deux voyages d'exploration sous le commandement du gouverneur du Sénégal Brière de l'Isle.

Gallieni fut chargé en 1879 d'étudier le tracé de la future voie ferrée Médine-Bafoulabé. Il signa des traités avec des chefs de la haute vallée du Sénégal et créa le poste de Bafoulabé. Son second voyage se déroula de 1880 à 1881 en compagnie de deux officiers géographes-topographes et de deux médecins, Tautain[49] et Bayol, qui rédigèrent leurs mémoires de voyage.

Les objectifs de cette mission sont contradictoires en ce sens que, à coté des ambitions politiques et commerciales, le capitaine Gallieni comptait œuvrer pour »exploiter les ferments de discorde entre la race des conquérants toucouleurs et leurs tributaires«. Mais Gallieni, sur la route de la capitale d'Ahmadou Taal, fut arrêté à Nango, près de Ségou, où les membres de l'expédition séjournèrent pendant dix mois. Il eut le temps de connaître les peuples africains. En avril 1880 fut signé le traité de Kita, et en mars 1881 Ahmadou ratifia le traité de Nango. Gallieni reçut la médaille d'or de la Société de géographie.

En 1883, dans la revue »Tour du monde«, le commandant Gallieni publia ses mémoires relativement à cette mission. À propos du traité de Kita, reproduit intégralement, il est stipulé à l'article premier: »Les chefs, notables et habitants du pays de Kita déclarent qu'ils vivent indépendants de toute puissance étrangère et qu'ils usent de cette indépendance pour placer de leur plein gré, eux, leur pays et les populations qu'ils administrent sous le protectorat exclusif de la France«[50]. Gallieni réussissait dans son objectif de semer la discorde entre populations africaines. Il dirigea par la suite plusieurs campagnes militaires, notamment au Niger, sous le grade de capitaine. À son tour, il commandita des voyages d'exploration exécutés vers le pays Malinké par Péroz, en pays peul jalonke par Plat et en pays peul masina par Caron. Il devint ensuite gouverneur du Soudan en 1886, du Tonkin en 1893 puis de Madagascar en 1896. Il fut fait maréchal à titre posthume en 1921.

Louis Joseph-Marie Quintin, chirurgien de la marine affecté au Sénégal en 1860, accompagna aussi Gallieni et publia en 1881 un article dans le »Bulletin de la Société de

---

[48] Extrait du Moniteur de l'Algérie, Général Faidherbe, Alger, 1er septembre 1866.
[49] Docteur Louis-Frédéric TAUTAIN, Études critiques sur l'ethnologie et l'ethnographie des peuples du bassin du Sénégal, publiées sous les auspices du ministère de l'Instruction publique et des Beaux-Arts par le docteur Hamy, Paris 1885, p. 1–45.
[50] Joseph GALLIENI, Exploration du haut Niger, dans: Le Tour du monde (1883, 1er semestre), p. 116.

géographie« intitulé »Étude ethnographique sur les pays entre le Sénégal et le Niger«. En annexe est jointe une carte des populations de la Sénégambie et du haut Niger.

Paul Soleillet (1842–1885) séjourna dix ans en Algérie, puis arriva au Sénégal en 1878 dans le but d'ouvrir l'Afrique occidentale au commerce et à l'influence civilisatrice de la France. Son voyage fut financé par le ministre de l'Instruction publique. Il quitta Saint-Louis en avril 1878 et resta quatre mois à la cour d'Ahmadou Taal à Ségou – comme avant lui Mage et Quintin – puis repartit par Nioro en mars 1879. Le récit de son voyage parut en 1886, sept ans après son retour et un an après sa mort, sous le titre »Voyage à Ségou (1878–1879)«; il fut rédigé d'après ses notes et ses journaux de voyage par Gabriel Gravier.

Cette entreprise de confrontation des peuples ouest africains atteint son paroxysme en avril 1890 lorsque la prise de Ségou par Archinard entraîna la chute de l'État toucouleur et l'expulsion de milliers de Fuutankoobe vers la vallée du Sénégal, dont la majorité mourut sur le chemin du retour.

CONCLUSION

Les efforts déployés pour se rattacher à des ancêtres extérieurs à l'Afrique servirent à justifier la possession et la conservation d'un pouvoir et d'un savoir inspiré de la pensée islamique par une frange de la population locale, les Toroodo, appartenant aux Pulaar de la vallée du Sénégal. Par ailleurs, pour légitimer la colonisation européenne, les Français devaient prouver avec le recours à un corpus scientifique le caractère sous-civilisé de tous les peuples de la Sénégambie en particulier et de l'Afrique en général. Cette contradiction dans les représentations n'a pas varié durant tout le XIXe siècle. Les idées de domination seront reprises par Jules Ferry à la fin du XIXe siècle puis par Albert Sarraut dans les années 1920. La pensée raciale du colon vis-à-vis du colonisé africain a une constante: le mépris de l'homme noir et la certitude qu'il est un être inférieur que l'on doit dominer. Ce qu'il faut regretter et dénoncer, c'est qu'on assiste en Afrique, aux XXe et XXIe siècles, dans certains pays, à une politique qui est à l'opposé de celle des Toroodo et qui consiste dans une revendication à l'autochtonie. Cela entraîne malheureusement la chasse à »l'étranger« avec toutes ses conséquences néfastes.

ARNAUD NANTA

Kiyono Kenji
Anthropologie physique et débats sur la »race japonaise«
à l'époque de l'empire colonial (1920–1945)

L'Europe occidentale et le Japon se sont reconstruits en adoptant la forme de l'État-nation au XIXᵉ siècle, ce qui amena à des pratiques et des discours homologues dans ces pays, dans un contexte de globalisation rapide des savoirs. Faisant suite à une première phase de mise en place des institutions modernes à la fin du XIXᵉ siècle[1], le monde universitaire japonais connut un mouvement de spécialisation prononcé au début du XXᵉ siècle[2]. L'anthropologie physique et l'archéologie illustrent bien un tel mouvement, disciplines qui voient évoluer au Japon[3] des chercheurs aux méthodes et problématiques homologues de ceux des pays d'Europe occidentale ou des États-Unis, au sein de l'université impériale de Tôkyô (fondée en 1877) et de la Société d'anthropologie de Tôkyô (fondée en 1884)[4]. L'histoire de l'anthropologie physique en Occident est bien connue[5], avec des études portant sur les activités scientifiques ou sur leurs rapports aux représentations collectives et à l'idéologie, notamment autour de concepts axiomatiques tels que la »race« ou la »civilisation«. Sans réduire la variété des cas de figure, selon les lieux et les époques, mais au contraire en insistant sur les interactions, individuelles ou épistémologiques, entre »observants« et »observés«, voire entre »sujets« et »objets«, on peut considérer que les savoirs anthropologiques, en s'opposant

---

[1] Sur le Japon de la fin du XIXᵉ siècle, voir: Jean-Jacques TSCHUDIN, Claude HAMON (dir.), Le Japon en marche, Paris 1999.
[2] Le poids d'un contexte protonational certain, au sens d'Eric Hobsbawm, a permis la constitution rapide des savoirs modernes dans le Japon de Meiji après 1868.
[3] Sur l'anthropologie et l'archéologie au Japon: Arnaud NANTA, L'altérité aïnoue dans le Japon moderne, dans: Annales HSS 61/1 (2006), p. 247–273; SAKANO Tôru, Teikoku Nihon to jinruigakusha (L'Empire japonais et les anthropologues), Tôkyô 2005; Arnaud NANTA, Koropokgrus, Aïnous, Japonais, aux origines du peuplement de l'archipel. Débat chez les anthropologues, 1884–1913, dans: Ebisu 30 (2003), p. 123–154; OGUMA Eiji, Tan.itsu minzoku shinwa no kigen (Aux origines du mythe du peuple homogène), Tôkyô 1995; TSUNODA Bunei (dir.), Kôkogaku Kyôto gakuha (L'école d'archéologie de Kyôto), Tôkyô ²1997 (éd. augmentée); TERADA Kazuo, Nihon no jinruigaku (L'anthropologie au Japon), Tôkyô ²1981; SAITÔ Tadashi, Nihon kôkogaku shi (Histoire de l'archéologie japonaise), Tôkyô 1974.
[4] La recherche en anthropologie et en archéologie est menée par ces institutions, auxquelles il faut ajouter la Société d'archéologie (nationale; fondée en 1895) et les chercheurs du Musée impérial de Tôkyô (fondé en 1871).
[5] Voir notamment: Léon POLIAKOV, Le mythe aryen, Paris 1971; Stephen J. GOULD, La mal-mesure de l'homme, Paris ²1997 (nouvelle éd.); Claude BLANCKAERT (dir.), Les politiques de l'anthropologie. Discours et pratiques en France (1860–1940), Paris 2001; Céline TRAUTMANN-WALLER (dir.), Quand Berlin pensait les peuples. Anthropologie, ethnologie, psychologie (1850–1890), Paris 2004; Carole REYNAUD PALIGOT, La République raciale, Paris 2006.

aux humanités, ont puissamment contribué à la constitution des identités nationales modernes au travers d'un discours altéroréférentiel ou relevant de l'anthropologie raciale.

Kiyono Kenji[6], en poste à l'Université impériale de Kyôto (fondée en 1897) constitue une figure emblématique de l'anthropologie physique et de l'archéologie préhistorique d'avant la Seconde Guerre mondiale au Japon. Pathologiste et anatomiste de renom, il est un protagoniste central des débats d'ethnogenèse durant l'entre-deux-guerres et réaffirme l'idée que les Japonais forment un peuple métissé. En cela il s'oppose au paradigme substitutif mis en place au siècle précédent, qui concluait que les Japonais étaient arrivés sur l'archipel durant la protohistoire en repoussant le peuple autochtone; mais par là même, Kiyono s'oppose aussi parfois à l'idéologie officielle. Le nombre de ses publications est si important et son parcours si riche – quel que soit le jugement porté – que ce personnage constitue à lui seul un objet d'étude que l'on ne peut que survoler ici. On se concentrera sur son travail anthropométrique en rapport avec les »débats sur la race« dans les décennies 1920–1940, pour analyser l'évolution de sa conception de la composition raciale du peuple japonais et tenter de montrer en quoi son discours fut en adéquation avec son époque, dont il résume les tendances lourdes et les contradictions. Nous présenterons tout d'abord les problématiques de la nouvelle génération de chercheurs qui apparaît dans la décennie 1910, pour voir ensuite comment Kiyono affirma l'idée de métissage après 1924–1926. Dans un troisième temps, nous analyserons les liens entre son travail d'anthropologue physique et son travail d'historien, pour enfin, dans un dernier temps, réfléchir au sens à donner à son discours tenu durant la période de l'expansion des années 1940–1945.

NOUVELLE GÉNÉRATION, NOUVELLES PROBLÉMATIQUES?

La Société d'anthropologie de Tôkyô avait connu de violents »débats sur la race« après 1886, c'est-à-dire des débats sur l'ethnogenèse des Japonais et sur la nature de la race des habitants de la préhistoire. La position hégémonique qui s'affirma finalement était celle défendue par l'anthropologue physique Koganei Yoshikiyo (1858–1944) et l'ethnologue Torii Ryûzô (1870–1953)[7]. Elle peut être résumée en deux points: 1° les »anthropophages de la préhistoire« sont les ancêtres des indigènes aïnous, populations colonisées du nord du Japon[8]; 2° »les Japonais« sont arrivés sur l'archipel durant la

---

[6] Suivant l'usage dans le monde sinisé, le nom précède le prénom.
[7] Torii est le plus grand anthropologue japonais du premier quart du XXe siècle. Son travail constitue un moment majeur de la discipline et bénéficie à ce titre d'une édition en œuvres intégrales.
[8] Sur la colonisation japonaise d'Ancien Régime: Pierre-François SOUYRI, Une forme originale de domination coloniale? Les Japonais et le Hokkaidô avant l'époque Meiji, dans: Martine GODET (dir.), De Russie et d'ailleurs, Mélanges Marc Ferro, Paris 1995, p. 373–388. Voir aussi:

protohistoire, porteurs de la culture des métaux. En réalité tous ceux qui s'affrontaient au cours de ces débats s'accordaient sur l'idée de la substitution du peuplement, et ces thèses ne questionnaient pas la nature raciale des Japonais eux-mêmes, car l'idée de substitution permettait d'éviter un tel débat.

Ce paradigme des »débats sur la race« fut remis en question par une nouvelle génération d'universitaires autour du laboratoire d'archéologie de l'université impériale de Kyôto (fondé en 1916). Ce nouveau groupe de chercheurs fonctionnait selon une association classique entre archéologues de la faculté de lettres et anthropologues physiques de la faculté de médecine. Le chef de file de »l'école d'archéologie de Kyôto«, Hamada Kôsaku (1881-1938), futur président de l'université, organisa en 1917-1920 des fouilles systématiques dans la région d'Ôsaka en collaboration avec l'université impériale du Tôhoku. Les rapports de ces fouilles constituèrent une sévère critique de l'idée de substitution du peuplement sur l'archipel. Au même moment que Gustaf Kossinna (1858-1931) en Allemagne[9], Hamada, alors convaincu de la continuité totale entre ce qu'il nomma les »proto-Japonais« et le peuplement contemporain, fit appel à des anatomistes, dont notamment Kiyono, afin d'analyser les squelettes préhistoriques[10]. C'est du choc entre le paradigme substitutif et ces premières thèses »autochtonistes« que va finalement émerger le modèle du métissage, qui coïncidait en réalité avec l'idée paradigmatique après l'annexion de la Corée en 1910 que les Japonais étaient un peuple issu de brassages ethniques.

Le jeune Kiyono (1885-1955), fils de médecin, fut diplômé de cette même université de Kyôto en 1909 et alla ensuite, comme tous les anthropologues physiques japonais d'avant 1945 (dès Koganei en 1880-1885), étudier en Allemagne. Il étudia à l'université de Fribourg sous la direction de Ludwig Aschoff (1866-1942) de 1912 à 1914. Son ouvrage en histologie »Die Vitale Karminspeicherung« (Iéna, 1914) lui valut la reconnaissance de ses pairs et au Japon le prix de l'Académie impériale des sciences en 1922. Docteur en médecine en 1916, il fut nommé maître de conférences la même année, puis professeur en microbiologie en 1921. Il devint parallèlement détenteur d'une chaire en pathologie en 1924. Sa recherche se réorienta cependant vers la paléoanthropologie après 1919, alors que l'ensemble de son équipe se mettait à travailler en collaboration étroite avec les archéologues de l'université dans le cadre d'une grande étude biométrique sur les squelettes préhistoriques et sur les Japonais contemporains. Son laboratoire en vint à être surnommé »le laboratoire d'anthropologie Kiyono«[11].

ID., La colonisation japonaise: un colonialisme moderne mais non occidental, dans: Marc FERRO (dir.), Le livre noir du colonialisme, Paris 2003, p. 407-430.

[9] C'est en 1925 (à Leipzig) que Kossinna publia son célèbre ouvrage »Die deutsche Vorgeschichte: eine hervorragend nationale Wissenschaft«.

[10] Sur ces débats, voir Arnaud NANTA, Débats autour des fouilles archéologiques à Ôsaka, 1917-1920, dans: Ebisu 32 (2004), p. 25-63.

[11] Cette dénomination montre comment, dans les années 1920, le mot »anthropologie« (*jinruigaku*) employé seul désignait, déjà, surtout l'anthropologie physique.

Les deux rapports au contenu »autochtoniste« produits par Hamada en 1918–1920 pour le site de Kô s'achevèrent sur une conclusion mitigée. Mais Kiyono ne désespérait pas d'abattre le modèle de la substitution protohistorique pour le remplacer par l'idée d'une certaine continuité du peuplement japonais. Il dirigea fin 1919 début 1920 des fouilles archéologiques à Tsukumo (dans l'ouest du Japon). Ses premières conclusions furent publiées dans le cinquième fascicule du »Rapport de recherches archéologiques«[12] de l'université en 1920: il y exprimait une position continuiste du peuplement qu'il ne put cependant démontrer, n'ayant pas à l'époque pu mesurer et analyser statistiquement les 66 squelettes qu'il venait de découvrir. Au total, entre le laboratoire de Kiyono et celui de paléoanthropologie de l'université impériale du Tôhoku avec lequel il collaborait, près de 144 squelettes avaient été exhumés sur ce site. Ces matériaux donnaient à la nouvelle anthropologie raciale matière à critiquer le modèle substitutif de la capitale, étant donné leur volume comparé à ceux sur lesquels s'appuyaient les chercheurs de la génération précédente.

1924–1932
AFFIRMATION DE LA CONTINUITÉ DE LA RACE ET COMPROMIS DU MÉTISSAGE

Grâce à ces nouveaux matériaux, l'anthropologie physique bénéficiait dans les années 1920 d'un contexte favorable, renforcé par un relatif retrait de la Société d'anthropologie de Tôkyô du fait de difficultés internes. En effet, un tel retrait ne pouvait que bénéficier à l'université impériale de Kyôto qui était dans une relation de rivalité avec celle de la capitale. Kiyono publia en 1926 les premiers rapports biométriques pour Tsukumo en cosignature avec son élève et proche collaborateur Miyamoto Hiroto (1897–?), dans deux articles pour la revue-organe de la Société d'archéologie »Kôkogaku zasshi« (Revue d'archéologie). Les résultats étaient cette fois-ci complets et les conclusions plus affirmatives qu'en 1920. Cette série de rapports fut précédée par trois articles sur les crânes des Japonais contemporains dans la »Tôkyô jinruigaku zasshi« (Revue d'anthropologie de Tôkyô) à l'hiver 1924, participant d'un projet parallèle sur les populations contemporaines.

Ces articles parurent alors qu'avait eu lieu une querelle de pouvoir à l'université impériale de Tôkyô à propos de la première thèse en anthropologie (physique) soutenue par Matsumura Akira (1875–1936), qui avait provoqué la démission de Torii en 1924. C'est dans ce contexte que l'équipe de Kiyono monopolisa la revue-organe de la Société d'anthropologie de Tôkyô, en publiant une longue série d'articles biométriques sur les squelettes des Japonais contemporains entre 1924 et 1932, ainsi qu'une seconde série portant sur les squelettes préhistoriques entre 1925 et 1930. Treize de ces articles

---

[12] HAMADA Kôsaku (dir.), Kyôto teikoku daigaku bungakubu kôkogaku kenkyû hôkoku (Rapport de recherches archéologiques de la faculté de lettres de l'université impériale de Kyôto), publié par l'université impériale de Kyôto, Kyôto, n 5 (1920).

sur la population contemporaine – eux-mêmes découpés en plusieurs livraisons – remplirent la »Revue d'anthropologie de Tôkyô« et quatre autres le bulletin »Acta scholae medicinalis universitatis imperialis in Kioto«, de la faculté de médecine de ces chercheurs (articles rédigés en allemand), parallèlement à douze autres articles biométriques et théoriques sur les squelettes préhistoriques de Tsukumo. Ce double effort montre la visée comparative de leur travail, qui cherchait à remettre en cause le modèle substitutif du peuplement.

Sans dresser ici une recension détaillée de ces articles[13], il faut souligner qu'ils réussirent à remplir presque totalement les pages de la »Revue d'anthropologie de Tôkyô« dans la seconde moitié de la décennie 1920. Le volume XLV de 1929 constitue par exemple un pavé de tableaux ostéométriques et biométriques de 620 pages. La forme changea aussi, et étaient parfois publiés des articles en allemand[14]. Cette comparaison entre préhistoire et populations contemporaines s'intégrait dans la pensée globale de Kiyono, qui souhaitait établir un modèle quantifié de la »filiation des Japonais« depuis les premiers temps de l'archipel, comme il l'avait déjà expliqué dans son ouvrage »Nihon genjin no kenkyû« (Étude sur les Japonais primitifs) de 1924[15]. C'est à partir de cette époque que Kiyono s'imposa comme une figure centrale de l'anthropologie préhistorique: c'est par exemple lui que l'éditeur académique Yûzankaku sollicita pour rédiger en 1933 les volumes sur la préhistoire et sur l'ethnogenèse lorsqu'il formula le projet d'éditer une grande collection d'archéologie.

Cet ouvrage de 1924 n'était cependant pas sans ambiguïtés. Quel groupe le terme *genjin*[16], qui signifie ici »hommes primitifs«, désignait-il? En fait l'ouvrage passait en revue les 62 sites visités par l'auteur et son université depuis 1917 et les près de 600 squelettes déjà réunis[17]. Qualifié dans la préface par Hamada de »Virchow de la médecine japonaise«, Kiyono exposait ici ce que l'on peut appeler le modèle du métissage: selon lui, une souche autochtone de l'archipel serait métissée avec de nouveaux arrivants protohistoriques pour constituer les Japonais – ce qui est différent de l'idée ultra-continuiste de »proto-Japonais« développée en 1917–1920 par Hamada. Pour Kiyono, discuter des continuités n'impliquait pas le postulat de l'identité du peuplement préhistorique et de la population contemporaine: les préhistoriques n'étaient ni les ancêtres directs des Aïnous ni ceux des Japonais. Finalement, il considérait ces deux populations comme des »races historiques« produits d'un métissage

---

[13] Voir la thèse de doctorat de l'auteur: Débats sur les origines du peuplement de l'archipel japonais dans l'anthropologie et l'archéologie, Université Paris VII 2004, p. 459–463.
[14] Cette langue était moins utilisée du temps où Torii était à la tête du laboratoire d'anthropologie à Tôkyô, bien que Koganei s'appliquât à rédiger des articles en allemand.
[15] KIYONO Kenji, Nihon genjin no kenkyû, Tôkyô 1924.
[16] Ce mot signifiera par la suite *homo erectus* en japonais. Cette traduction n'était pas encore fixée en 1924, et il s'agit ici des »premiers hommes«.
[17] Un huitième proviendrait de la période protohistorique, le reste de la préhistoire.

plurisèculaire, comme pouvait le faire Gustave Le Bon (1841–1931) dans »Lois psychologiques de l'évolution des peuples« en 1894[18].

Ainsi, si l'idée de substitution est critiquée, la continuité de la race n'en est pas affirmée pour autant: le modèle du métissage est un modèle médian, un compromis. Malgré des tensions alors évidentes entre deux tendances idéologiques (conception assimilationniste ou ethniciste de la nation), on constate que les discours affirmant la pureté de la race ne purent s'imposer à l'époque de l'empire colonial. Cela n'a rien d'étonnant à un moment où il s'agit d'intégrer le plus largement possible les populations annexées au Japon, notamment les Coréens, qui étaient pensés dans un rapport de filiation commune avec les Japonais. Pour ce faire, ces discours durent attendre 1940–1945 et le moment d'expansion maximale de l'empire, comme on le verra plus bas.

La pensée continuiste de Kiyono se déployait aussi sur le plan d'une critique du »dogme« et de »l'idéologie« de »l'historiographie philologique«, celle-là même qui s'appuyait sur les recueils des mythes fondateurs de la dynastie impériale: le »Kojiki« (712) et le »Nihonshoki« (720). Ces textes décrivaient l'ancienne conquête de l'archipel par la famille impériale, idée qui s'est vue surlégitimée par les anthropologues et archéologues de la fin du XIXᵉ siècle. L'un des arguments clés de Kiyono et de Hamada résidait dans la distinction qu'ils prétendaient opérer entre les études céramologiques et les études anthropométriques, car, selon eux, des changements peuvent se produire dans la culture sans qu'il y ait de modification dans la race[19]. Novatrices à une époque où l'on saisissait race et culture en congruence, de telles positions les amenèrent à soutenir le continuisme; les articles qu'ils publièrent entre 1924 et 1932 ayant pour objectif la démonstration de cette théorie. Le modèle du métissage s'inscrivait aussi dans le nouvel esprit de l'époque, en adéquation avec l'impérialisme annexionniste après 1910 pour lequel il était naturel de postuler que les Japonais étaient métissés et issus du nord-est du continent[20]. De fait, les allogènes auxquels pensait Kiyono étaient surtout les Coréens et les Mandchous.

Les deux articles de 1926: »Les hommes de l'âge de la pierre de Tsukumo sont-ils vraiment des Aïnous?«, puis »De la raison pour laquelle les hommes de l'âge de la pierre de Tsukumo ne sont pas des Aïnous – suite«[21] sont des textes de synthèse qui venaient, pour leurs auteurs, expliciter une conclusion déjà claire au vu des autres

---

[18] Le Bon considérait que tous les pays »civilisés« étaient constitués par des races métissées, mais biologiquement et psychologiquement homogènes. Dans la préface ajoutée à partir de la 12ᵉ édition de 1916, il critiquait les »illusions créées dans la mentalité des historiens et des publicistes allemands par une conception très erronée de la notion de race«, les amenant à penser l'Allemagne comme une »race pure« (Gustave LE BON, Lois psychologiques de l'évolution des peuples, Paris ¹⁸1927, p. 3–4). Cet ouvrage a eu un rayonnement international important à l'époque et a été traduit en japonais dès 1910.
[19] KIYONO Kenji, Nihon genjin (voir n. 15), p. 7–8.
[20] La place des Aïnous dans ce schéma était cependant sujette à variations, Kiyono offrant une perspective plus ouverte que ses contemporains.
[21] KIYONO Kenji, MIYAMOTO Hiroto, Tsukumo sekki jidai-jin ha Ainu-jin nari ya, dans: Kôkogaku zasshi XXVI (août 1926), p. 483–505; ID., Futatabi Tsukumo sekki jidai-jin no Ainu-jin ni arazaru riyû o ronzu, dans: Kôkogaku zasshi XXVI (septembre 1926), p. 568–575.

rapports biométriques. Mais à l'époque, hormis quelques spécialistes tel Ueda Tsunekichi (1887–1966?) de l'université impériale de Keijô (Séoul)[22], peu nombreux semblent avoir été les anthropologues à même de lire ces rapports, qui associaient de nombreux tableaux chiffrés et un traitement statistique des données suivant les dernières méthodes de la biométrie[23]. Dans un savant exercice de synthèse, Kiyono et Miyamoto calculèrent les moyennes d'une quinzaine de mesures portant sur trois populations – des hommes préhistoriques de Tsukumo, des Japonais et des Aïnous contemporains –, puis les écarts types de ces moyennes pour chaque population en prenant les autres de manière alternée comme référence. Pour Kiyono: »que la thèse selon laquelle les Aïnous seraient le peuple de l'âge de la pierre soit fausse a été amplement démontré par nos articles déjà publiés à ce jour[24].«

En utilisant la biométrie comme un moyen absolument objectif, ce nouveau discours se plaçait clairement sous le signe du positivisme: Kiyono expliquait qu'»afin d'éliminer tout espace possible aux sentiments [et à la subjectivité], on doit traiter les résultats d'une recherche de façon mathématique, en se fondant sur l'esprit des sciences exactes. Les chiffres exposés dans nos rapports officiels sont, à moins d'erreurs dans les mesures ou dans les calculs, des écritures inébranlables[25]«. Cependant, malgré ces efforts redoublés, le continuisme, même édulcoré, peinait à s'imposer, et Kiyono, lui, concluait finalement au métissage à un moment où l'empire colonial voyait l'accélération des politiques d'assimilation[26]. En effet, un continuisme intégral aurait expliqué que les éléments extérieurs n'entraient pas dans l'histoire de la nation, faisant perdre à l'État tout moyen de justifier l'annexion par quelque origine commune. Au même moment, Koganei, aîné de Kiyono et anthropologue physique à la réputation bien assise, réalisait devant l'empereur, le 20 juin 1927, une conférence au sujet de l'ethnogenèse des Japonais. Alors qu'à la fin du XIXe siècle il avait insisté sur l'unité de sang de la nation et sur l'infériorité raciale des Aïnous, voilà qu'à la fin des années 1920 il les intégrait au sein du peuple japonais considéré comme métissé, tout en réaffirmant cependant l'idée de »préhistoire aïnoue« et en estimant la composante aïnoue très minoritaire dans l'élaboration de la race. À la question du jeune Hirohito »D'où est venu le peuple japonais?«, Koganei répondit comme suit:

On parle en un mot de peuple japonais, mais ce dernier ne constitue en aucun cas une seule et unique race. Tout d'abord, il n'y a aucun doute que la race jaune d'Asie du Nord-Est constitue son tronc principal. Il doit aussi exister quelque filiation avec des races malaises venue d'Asie du Sud-Est, ainsi qu'avec des races des îles méridionales. Le sang aïnou, c'est-à-dire le peuple déjà

---

[22] UEDA Tsune-kichi est notamment l'auteur de: Seibutsu tôkeigaku (Biométrie), Tôkyô 1935. Il était lui aussi un défenseur des thèses d'ethnogenèse en terme de métissage.
[23] L'historiographie internaliste a beaucoup critiqué Kiyono sur la forme, jugée peu claire. TERADA, Nihon no jinruigaku (voir n. 3), p. 206.
[24] KIYONO, MIYAMOTO, Tsukumo sekki jidai-jin (voir n. 21), p. 484.
[25] Ibid.
[26] C'est dans le cadre de la politique culturelle des années 1920 en Corée que fut fondée en 1926 l'université impériale de Keijô.

présent sur l'archipel [durant la préhistoire], est également mêlé à celui du peuple japonais. Déterminer le détail de ces [éléments] est notre tâche à nous autres anthropologues[27].

Cette idée de métissage connaissait un grand succès et fut soutenue au cours des années 1930, y compris par des chercheurs comme l'archéologue Hamada, qui avait pourtant avancé des idées ultra-continuistes avant 1920, selon une position se rapprochant de celle de Kiyono. Dans un ouvrage de 1935, »Nihon bunka no gensen« (Les Origines de la culture japonaise)[28], alors président de la faculté de lettres de l'université impériale de Kyôto, Hamada soutenait à la fois le caractère de *substratum* du peuplement préhistorique et le fait que le peuple japonais s'était constitué durant la protohistoire Yayoi (du IIIe siècle avant notre ère au IIIe siècle) *via* des apports culturels et raciaux de la péninsule coréenne[29], réaffirmant dans un même temps la proximité entre Corée et métropole à l'époque de l'apogée de l'empire colonial, dont la Corée était le joyau.

KIYONO L'HISTORIEN, L'ARCHÉOLOGUE ET LE SOUTIEN DE L'EUGÉNISME

Assurant à partir de 1935 un cours d'anthropologie physique à l'université impériale de Kyôto, Kiyono devint aussi à ce moment historien de l'anthropo-archéologie. Il rédigea en 1934 un fascicule intitulé »Nippon minzoku – Nippon jinshu ron no hensen« (Le peuple japonais. Évolution du débat sur la race japonaise)[30]. Kiyono poursuivit ce travail en histoire des sciences à plusieurs reprises, avec une histoire »Nippon jinshu ron hensen shi« (Histoire des évolutions du débat sur la race japonaise)[31] de 1944, puis, à la fin de sa carrière, une somme »Nihon no jinruigaku kôkogaku shi« (Histoire de l'anthropologie et de l'archéologie au Japon)[32] en 1954–1955. Entre ces deux ouvrages s'intercala sa synthèse raciologique (1949): »Kodai jinkotsu no kenkyû ni motozuku nippon jinshu ron« (Théorie raciale sur les Japonais, en s'appuyant sur les squelettes anciens)[33]. Cette période allant de 1934 à 1954 vit Kiyono publier de nombreux articles d'anthropologie préhistorique (sur les squelettes, ainsi que des rapports de fouilles sur des amas coquilliers) et d'histoire[34]. Contraint de démissionner en 1938 pour vol de matériaux, Kiyono connut une période où on le retrouva lié à divers orga-

---

[27] Cette conférence a été résumée dans: HOSHI Shinichi, Sofu – Koganei Yoshikiyo (Mon grand-père, Koganei Yoshikiyo), Tôkyô 1974, p. 274–287, ici p. 284.
[28] HAMADA Kôsaku, Nihon bunka no gensen, Tôkyô 1935 (Tôyô shichô [La pensée orientale], 9), p. 9.
[29] Ibid.
[30] KIYONO Kenji, Nippon minzoku – Nippon jinshu ron no hensen, Tôkyô 1934 (Tôyô shichô, 6).
[31] ID., Nihon jinshu ron hensen shi, Tôkyô 1944.
[32] ID., Nihon no jinruigaku kôkogaku shi, Tôkyô 1954–1955.
[33] ID. et al., Kodai jinkotsu no kenkyû ni motozuku nippon jinshu ron, Tôkyô 1949.
[34] On doit mentionner la place de l'éphémère revue »Dolmen«, qui joua le rôle de tribune en études préhistoriques dans les années 1930.

nismes de guerre. Il entra à l'Association de l'océan Pacifique (Taiheiyô kyôkai) en 1941 puis à l'Institut de planification (Kikaku.in) durant la guerre du Pacifique, et publia des études ethnographiques sur les peuples d'Asie orientale[35]. Dès la seconde moitié des années 1930 il possédait aussi des contacts avec l'unité 731 de tests bactériologiques, en Mandchourie, dont certains spécialistes avaient été ses étudiants[36].

Si son parcours connaît une rupture, sa pensée conserve une certaine cohérence, non sans ambiguïté toutefois durant la guerre du Pacifique. On constate dans ses ouvrages historiographiques publiés entre 1934 et 1944 une continuité dans sa conception de la race (*jinshu*), qui renvoie chez lui non pas à l'idée d'un »isolat japonais« indépendant[37], mais plutôt à une réflexion sur la composition ethnique du peuple japonais, comme avaient pu le faire les anthropologues français autour de Paul Broca (1824–1880)[38]. *Grosso modo*, ses ouvrages d'historiographie internaliste avaient un objectif de légitimation évident au travers d'une dévalorisation systématique des thèses antérieures – le paradigme affirmant l'identité entre populations préhistoriques et Aïnous –, quitte à mettre en avant d'autres discours plus anciens, pour affirmer la »vraie scientificité« du modèle de l'auteur[39]. Mais Kiyono fit ainsi œuvre de documentaliste en ressuscitant nombre de textes de l'époque d'Edo (1603–1868) et en montrant l'importance du travail réalisé à partir du milieu du XVIIIe siècle au sein des réseaux antiquaristes[40] de Kyôto sur les artefacts préhistoriques. Il conviendra donc de distinguer son travail d'anthropologue physique de son travail d'historien, les deux étant cependant liés de par ces enjeux scientifiques. Voyons ici comment Kiyono utilisa ses travaux historiographiques afin de renforcer son modèle d'ethnogénèse, lequel y fut systématiquement développé et mis en valeur.

Son affirmation du métissage n'était cependant en aucun cas une invitation à un métissage généralisé dans toute l'Asie orientale. Pour l'anthropologue, les Japonais, formés historiquement par assimilation et métissage d'éléments divers, constituaient un peuple racialement homogène tant sur le plan biologique que »psychologique« (*shinri*), deux éléments qu'il considérait comme essentiels dans la formation historique de la »nation« (cf. *infra*). C'est pourquoi la comparaison avec Le Bon est pertinente: Kiyono ne soutint pas une thèse de la pureté raciale, mais le résultat était le même puisque l'idée de métissage lui servait à affirmer l'unité raciale des Japonais. C'est sans doute pour cette raison que, sans être »autochtoniste« au sens strict, il s'opposa à

---

[35] Par exemple: KIYONO Kenji, HIRANO Yoshitarô, Taiheiyô no minzoku-seijigaku (Ethnopolitique de la zone de l'océan Pacifique), Tôkyô 1942.
[36] À commencer par son commandant, Ishii Shirô (1892–1959).
[37] Comme on a pu parler de race germanique à la même époque, par exemple.
[38] Il est vrai que ceux-ci distinguaient plusieurs races (celte, galate, etc.) au sein du »peuple français«, les termes étant donc inversés.
[39] Cette caractéristique se retrouvera dans l'historiographie internaliste ultérieure, après 1945.
[40] Cet adjectif est employé au sens d'Alain Schnapp, qui désigne ainsi les savants de la Renaissance ayant des pratiques de collection et de classement des artefacts antiques; ceux-ci n'étaient pas des »antiquaires« au sens actuel du terme, mais des savants dont les pratiques ont précédé celles de l'archéologie moderne du XIXe siècle. Alain SCHNAPP, La conquête du passé, Paris 1993.

l'assimilation et au métissage en rejoignant dès 1930 l'Association japonaise d'hygiène raciale[41] aux côtés de médecins ouvertement autochtonistes tel Hasebe Kotondo (1882–1969). Kiyono participa à ce mouvement en publiant dans la revue »Yûseigaku« (Eugénisme) dès les années 1920 et en s'exprimant devant l'association à partir de 1934. On saisit ici l'opposition entre impérialistes (assimilateurs) et »insularistes«, le centre de gravité passant des premiers aux seconds aux alentours de 1940–1945. Il est remarquable que l'autorité coloniale en Corée considérait le mouvement eugéniste comme raciste et nuisible. En 1941, après le vote de la loi eugéniste de la nation de 1940 – loi de stérilisation qui constituait l'aboutissement d'une confrontation de dix années entre deux tendances opposées au sein de la Diète impériale[42] –, le gouverneur général de Corée critiqua le groupe eugéniste du nouveau ministère de la Santé (fondé en janvier 1938) dans une allocution où il compara ses membres aux nazis en Allemagne[43].

LE TEMPS DE GUERRE
RADICALISATION OU SYNTHÈSE?

En 1938, alors que venait de débuter la seconde guerre sino-japonaise (1937–1945), Kiyono publia la somme »Kofun jidai Nippon-jin no jinruigaku teki kenkyû« (Étude anthropologique sur les Japonais de la période Kofun)[44] (*i.e.* la seconde partie de la protohistoire, IIIe–VIIe siècle) dans la collection »Jinruigaku – senshigaku kôza« (Cours en études préhistoriques et anthropologiques). Selon lui, l'intervalle de dix

---

[41] Prenant la suite d'une réunion constituée en 1925 autour du médecin Nagai Hisomu (1876–1958) de l'université impériale de Tôkyô, cette association fondée en 1930 possédait des racines qui remontaient à la fin du XIXe siècle. Elle n'obtint cependant pas l'autorisation gouvernementale d'être une personnalité juridique et devint l'Association japonaise d'hygiène de la race en 1935, fonctionnant surtout comme un lobby. Le nom de l'association est la traduction littérale de »Rassenhygiene«, mot employé en Allemagne pour »eugénisme«. Le premier congrès international sur l'eugénisme s'était tenu à Rome en 1929.

[42] Une version révisée de cette loi fut proposée en 1947 par le Parti socialiste et adoptée l'année suivante.

[43] Ce gouverneur général estimait que cette pensée entravait la conscription des Coréens et l'effort de guerre, ce qui montre que l'assimilationnisme était aussi une politique de compromis. Il expliqua notamment: »C'est traiter les Coréens comme on traite les Juifs que de s'opposer au mélange du sang. Il va de soi que cette position [eugéniste] est erronée. Cette argumentation puérile n'oublie-t-elle pas que le peuple Yamato est lui-même le plus grand peuple métissé [*kongô minzoku*] d'Asie qui soit, n'oublie-t-elle pas l'accomplissement qu'a été la fusion nippo-coréenne?« (FURUKAWA Kanehide, Naisen ittai no gugen [La réalisation de l'unité entre métropole et Corée], publié par Kokumin sôryoku chôsen renmei bôei shidôbu [Section des directives de défense et pour l'alliance entre la Corée et l'ensemble des forces nationales], Tôkyô 1941, cité par OGUMA, Tan.itsu minzoku [voir n. 3], p. 243). La fondation du ministère résultat des pressions du mouvement eugéniste.

[44] KIYONO Kenji, Kofun jidai Nippon-jin no jinruigaku teki kenkyû, Tôkyô 1938 (Jinruigaku – senshigaku kôza, 2).

siècles séparant la fin de la préhistoire de la haute Antiquité (soit du IIIe siècle avant notre ère au VIIe siècle) serait non pas le moment d'une substitution de la race, comme le soutenaient naguère Koganei ou Torii, ni celui d'une simple rencontre entre deux races bien définies, mais au contraire l'occasion d'un grand melting pot entre de multiples races amenant à la »formation du peuple«. Le morphotype japonais apparaîtrait, selon lui, durant la période Kofun. Mais dans sa pensée, la race autochtone de l'archipel était déjà japonaise de par son devenir, au même titre que tous les allogènes arrivés durant la protohistoire (Yayoi-Kofun), au travers d'une illusion nationale rétrospective selon laquelle tous les groupes ayant habité sur l'archipel étaient japonais[45].

Depuis ses études de 1924–1926, Kiyono rejetait l'idée de substitution qu'il considérait comme relevant de l'épistémè de »la première période de la recherche anthropologique[46]« et jugeait que le processus de formation de l'État au Japon s'était précisément accompli au travers de ce métissage entre autochtones de »l'âge de la pierre« et allogènes de »l'âge des métaux«.

L'homme arriva pour la première fois au pays du Japon, formant ainsi les habitants de l'âge de la pierre du Japon. On peut estimer que ces premiers habitants ont fait la traversée à un moment précis depuis une région donnée du continent asiatique et ont débarqué sur un archipel alors désert[47]; ils constituèrent une race particulière à l'île du Japon: la race de l'âge de la pierre japonais. Le temps passa, et différentes races allogènes vinrent de nouveau depuis le continent et depuis les mers du Sud. Toutes se métissèrent ensemble, mais il n'y eut jamais de changement morphologique d'une ampleur telle que celui-ci aurait intégralement transformé la morphologie de ces hommes de l'âge de la pierre du Japon. Autrement dit, il n'y a pas eu de changement morphologique dans la race qui évoquerait une substitution du peuplement de l'âge de la pierre du Japon par cette nouvelle race, qui aurait ainsi chassé la précédente[48].

Kiyono développait ainsi en 1938 une pensée continuiste qui n'impliquait pas »l'autochtonisme«, mais qui était néanmoins soucieuse de l'identité des métropolitains en tant que race. Son souci n'était pas tant la continuité biologique totale du peuplement que la continuité de la spécificité japonaise. Mais, comme tous ses contemporains japonais ou européens, sa pensée saisissant race et culture en congruence était incapable de réfléchir sur les évolutions ou les révolutions sociétales ou culturelles autrement qu'en invoquant une »race« différente. Si rupture dans la culture il y avait, seuls une substitution du peuplement ou un métissage racial seraient à même de l'expliquer. Cette pensée est tout à fait »racialiste«, au sein du cadre épistémologique d'avant-

---

45 Étienne Balibar notait que »l'illusion [nationale] consiste à croire que l'évolution, dont nous sélectionnons rétrospectivement les aspects de façon à nous percevoir comme son aboutissement, était la seule possible, qu'elle représentait un destin« (Étienne BALIBAR, Immanuel WALLERSTEIN, Race, nation, classe: les identités ambiguës, Paris ²1997, p. 117–118).
46 KIYONO, Nippon minzoku (voir n. 30). Kiyono se plaçait lui-même au sommet de la recherche.
47 Les modèles substitutifs étant, sous diverses formes, dominants avant-guerre, l'existence du paléolithique sur l'archipel n'était ni reconnue ni discutée. Elle le fut à partir de 1949 avec le site d'Iwajuku, suscitant de nouveaux débats sur le peuplement. Voir la conclusion du présent texte.
48 KIYONO, Kofun jidai Nippon-jin (voir n. 44), p. 1–3.

guerre. En ce sens, la visite que Franz Weidenreich (1873–1948) fit au laboratoire de Kiyono à Kyôto en 1937 semble avoir été moins influente que celle faite à Tôkyô au laboratoire de Hasebe, qui, lui, soutint après la guerre et la décolonisation un modèle »évolutionniste« comparable au modèle du développement multirégional de Weidenreich à propos de l'homme de Pékin. Kiyono était par contre bien passé d'une discussion sur les »origines« à une discussion sur la »formation«[49]. Le métissage était un moyen de surmonter l'aporie de la composition pluriethnique de la nation, paradigme de l'époque, en affirmant l'unité de race par la mise en avant d'un processus d'homogénéisation historique. L'ouvrage de Kiyono de 1944 posait quatre phases dans l'histoire raciale de l'archipel: »l'âge de la pierre japonais«, »le passage vers l'âge des métaux«, »la phase d'ouverture du peuple« (*i.e.* à des éléments allogènes) et enfin »la phase de fermeture du peuple«. Nous traduisons ici le mot *minzoku* par »peuple« dans le sens d'unité ethnico-culturelle; celui-ci est utilisé, dans l'ouvrage de 1944, de façon interchangeable avec le mot *jinshu* (race).

Deux points sont cependant à souligner dans son propos de 1944 sur le métissage. Tout d'abord, alors qu'il évoquait naguère les Coréens et les Mandchous, l'absence de précisions quant aux origines des mouvements migratoires vers l'archipel est notable (la zone Pacifique semblait néanmoins maintenant privilégiée). Ensuite, le passage à la protohistoire est affirmé comme un mouvement essentiellement endogène, mené par le peuple autochtone lui-même et cela sans lien avec les mouvements migratoires eux-mêmes. Ainsi, tout en admettant l'apparition rapide et synchronique de la riziculture et des céramiques protohistoriques (types Yayoi puis Iwaibe), Kiyono affirmait ici que »les Japonais« auraient »progressé par eux-mêmes en intégrant de nouveaux éléments culturels«. En outre, dans l'ouvrage de 1944, des arguments »idéologiques« naguère critiqués avaient tendance à prendre le pas sur les arguments »scientifiques«. Il notait ainsi que: »tous ces progrès ont été rendus possibles grâce à la présence au Japon de l'Empereur, sa lignée occupant une place centrale dans la race japonaise«[50]. Kiyono était-il devenu »autochtoniste«? Quoi qu'il en soit, au milieu de la guerre du Pacifique, il rejeta tous les modèles invasifs, qui supposaient »la venue« des »porteurs de la culture« amenant avec eux la riziculture, l'État et l'empereur. Ce dernier se vit affirmé comme principe causal de l'homogénéité ethnique, celle-ci étant le résultat de la »période de fermeture du peuple« durant plus de mille trois cents ans, après mille ans d'ouverture. Reprenant le discours officiel, Kiyono qualifiait la période protohistorique

---

[49] Ce concept était désigné chez lui par les termes *kessei* (1938) ou *seisei* (1944). Kiyono expliquait au sujet de ce dernier qu'il »est utilisé dans le *Kojiki*, le classique le plus ancien du Japon. [...] Il renvoie à la force créatrice de la nature ainsi qu'aux efforts et résultats obtenus par l'homme qui sait se conformer à cette force de la nature. Ce terme l'emporte sur son homologue allemand *Werdegang*, concept ne considérant que la force de la nature«. On retrouve ici chez l'auteur le poids de l'Histoire, mais pour affirmer finalement l'homogénéité raciale. KIYONO, Nihon jinshu ron (voir n. 31), p. 156 (en allemand dans le texte).
[50] Ibid., p. 160–161.

de »métissage harmonieux« (*konketsu yûwa*), tout en relativisant cependant maintenant, de façon paradoxale, tout apport culturel étranger[51]. Kiyono abattait tant l'interprétation des mouvements migratoires lors de la protohistoire en termes d'invasions massives ayant abouti à la substitution du peuplement que l'idée même d'apports culturels et politiques qui auraient bouleversé la société autochtone (»japonaise« ou non) de l'archipel durant cette période, pour finalement dévaloriser clairement l'importance de tout apport étranger et de fait préparer la voie aux modèles »autochtonistes« qui eurent ensuite cours après 1945. Mais ce discours était aussi un produit de l'époque: compromis entre l'idée d'autonomie politico-culturelle vis-à-vis de l'Occident[52], le besoin d'affirmer l'identité japonaise au sein de l'empire colonial et enfin l'idée de caractère pluriethnique de la nation japonaise. Kiyono critiquait l'idée de race pure tout en affirmant dans un même temps: »la race japonaise constitue un groupe homogène sur les plans psychologique et morphologique. Fait heureux, l'idéal d'une nation – une race a été réalisé au Japon«[53]. En 1944, le Japon existerait ainsi en tant que »race japonaise« dressée contre l'Asie: le discours du raciologue reprenait d'un côté le credo des origines multiples développé par l'impérialisme tout en fermant hermétiquement, d'un autre côté, le Japon sur lui-même. Autrement dit, tout en discutant lui aussi de la nation, Kiyono s'opposait en réalité au discours assimilateur de l'impérialisme annexionniste, pour lequel la nation était non seulement métissée mais surtout pluriethnique et comportait en son sein Japonais, Aïnous, Taiwanais et Coréens[54]. Tout en s'appuyant sur l'idée de métissage, Kiyono superposait finalement peuple, race, nation et archipel japonais. Reprenant la position de l'eugéniste Koya Yoshio (1890–1914), l'auteur se demandait s'il était possible d'assimiler de nouveaux éléments raciaux comme voudraient le faire croire les impérialistes[55]. Il faisait finale-

[51] Le continent asiatique n'était plus ainsi le point de départ d'un mouvement culturel mais son bénéficiaire, l'arrivée de »nouvelles races« au Japon se voyant analysée comme autant d'étudiants venant s'instruire chez le »peuple supérieur« (*yûshû minzoku*) ou servir de main d'œuvre à celui-ci qui entrait dans une phase de »développement industriel« (ibid., p. 163). Cette théorie n'est compréhensible que dans le cadre de l'idéologie de la »Sphère de coprospérité de la Grande Asie orientale«, qui posait le Japon comme le pays devant éduquer les autres pays asiatiques.
[52] Ce point fut au centre des débats après la guerre. Voir Jacques JOLY, Maruyama Masao: de l'autonomie au pacifisme, dans: Michael LUCKEN et al. (dir.), Le Japon après la guerre, Paris 2006, p. 85–108
[53] KIYONO, Nihon jinshu ron (voir n. 31).
[54] Dans les manuels scolaires d'avant 1945, qui sont des vecteurs de propagation des idées autrement plus efficaces que les discours savants, les mots nation (*kokumin*) et peuple (*minzoku*) étaient clairement distingués: la nation était affirmée comme pluriethnique et *n'était pas limitée à l'archipel*. C'est dans ce sens qu'il faut comprendre la déclaration du gouverneur général de Corée de 1941 (voir n. 43).
[55] »Lors de la première ouverture raciale [durant la protohistoire], les Japonais étaient dans leur environnement propre, à l'intérieur de leur pays et vivant avec leurs mœurs. Ils étaient en outre largement supérieurs en nombre aux races étrangères. La configuration de cette seconde ouverture raciale [après 1940] est totalement opposée à la première. Il faut, pour notre avenir, construire la sphère de coprospérité de la Grande Asie orientale en accroissant dans la pureté de la race japonaise« (ibid., p. 168–169).

ment sienne, sur le tard, la position défendue par Hasebe en 1942: le titulaire de la chaire d'anthropologie physique[56] à l'université impériale de Tôkyô, et spécialiste de la Micronésie[57], avait remis à l'Institut de planification un rapport dans lequel il condamnait au nom de la communauté scientifique et de »l'hygiène de la race« le métissage au sein de la nouvelle »Sphère de coprospérité de la Grande Asie orientale« évoquée à l'été 1940[58]. Cette première amorce d'un repli national contre l'impérialisme continental et contre l'assimilation est un trait caractéristique de la période 1940–1945, et il est donc difficile de juger, *a posteriori*, après 1945, si Kiyono avait participé à ce mouvement de lui-même ou bien du fait du contexte de la guerre.

CONCLUSION

Pathologiste et anthropologue physique de renom, mais aussi historien de son champ disciplinaire et figure centrale des débats sur l'ethnogenèse des Japonais, Kiyono affirma durant l'entre-deux-guerres un discours continuiste en opposition au paradigme substitutif dominant depuis le siècle précédent. Dans ce cadre, on peut schématiquement considérer que son modèle du métissage passa dans les décennies 1920–1930 de l'idée que le peuplement autochtone de l'archipel constituerait une partie de la composition raciale des Japonais à une idée nettement plus continuiste durant la guerre du Pacifique – mais conservant toujours une place centrale au métissage –, pour ensuite réaffirmer avec force dans sa grande synthèse de 1949 l'idée que les Japonais étaient métissés. Kiyono fut, malgré quelques étranges variations, le principal soutien du métissage parmi les raciologues. Cette position est d'autant plus remarquable après la Seconde Guerre mondiale et la décolonisation qu'au même moment l'anthropologue physique Hasebe, alors président de la Société japonaise d'anthropologie[59], affirmait la pureté raciale des Japonais[60]. À l'époque de l'Empire du Grand Japon, un discours totalement »autochtoniste« n'aurait pas été possible; le discours assimilationniste s'était cependant heurté au discours fermé de la pureté raciale vers 1940, moment de fluctuation chez Kiyono qui soutint lui aussi l'homogénéité du peuplement métropolitain[61]. Pour tous ces raciologues, la grande question était bien celle du métissage, qui constituait chez Kiyono une variable d'ajustement permettant d'affirmer l'unité raciale

[56] Hasebe a pris place au sein du laboratoire d'anthropologie fondé en 1938, les chercheurs de l'université n'ayant pas de laboratoire officiel au sein de l'institution jusque-là.
[57] Les îles de Micronésie, anciennes colonies allemandes récupérées par le Japon durant la Première Guerre mondiale, étaient sous mandat japonais de la SDN depuis 1924.
[58] Selon la formulation du ministre des Affaires étrangères Matsuoka Yôsuke (1880–1946).
[59] La Société d'anthropologie de Tôkyô prit ce nom en 1940; elle était de fait déjà la société nationale.
[60] Sur le discours »autochtoniste« après 1945, voir: Arnaud NANTA, Physical Anthropology and the Reconstruction of Japanese Identity in Postcolonial Japan, dans: Social Sciences Japan Journal 11/1 (2008), p. 29–47; voir également la conclusion du présent texte.
[61] Ce point a été discuté dans: SAKANO, Teikoku Nihon to (voir n. 3); voir aussi la thèse de doctorat de l'auteur (voir n. 13), chapitre V.1.

des Japonais qu'il pensait avant tout centrés sur l'archipel, tandis que chez Hasebe le métissage était une source d'inquiétude permanente, car signifiant l'appauvrissement de la race qu'il jugeait pure.

Tenant d'une conception métissée du peuple japonais, Kiyono fut aussi lié au mouvement eugéniste puis à la planification de la »Sphère de coprospérité de la Grande Asie orientale« en 1940–1945 ou encore à l'unité 731 en Mandchourie. Il n'est pas sans évoquer, toutes différences entendues, son contemporain français le médecin René Martial (1873–1955), lui aussi tenant d'une »race résultat«[62]. L'anthropologie raciale de la génération de médecins de Kiyono se différenciait de celle des chercheurs précédents en ce qu'elle s'appuyait sur d'importantes quantités de matériaux ostéologiques et sur les nouvelles méthodes biométriques du traitement statistique. Son discours, associant continuité et métissage, et considérant les Japonais comme une »race historique« eut une large influence sur les anthropologues des universités impériales des colonies, tel Kanaseki Takeo (1897–1983), qu'il avait formé à Kyôto et qui fut muté à l'université impériale de Taipei en 1936, ou bien sur l'école anthropologique de Keijô (Séoul). On peut considérer ici un savant qui, ainsi faisant, participa à la construction de l'idéologie, cherchant à établir un modèle à partir de l'idée présupposée qu'il avait de ce qu'était le Grand Japon, conformément au paradigme de son époque, mais, déjà, recentré sur l'archipel lui-même.

Le cloisement progressif de la conception de l'identité japonaise constaté vers 1940, en conflit avec le discours assimilationniste officiel tenu depuis 1910 environ, s'imposa après 1947–1949, quand Hasebe et les anthropologues physiques de la capitale affirmèrent comme unique thèse scientifique admissible l'idée de la continuité génétique totale des Japonais depuis le paléolithique. Son disciple Suzuki Hisashi (1912–2004) démontra ce modèle dans les décennies 1950 et 1960 avec l'idée de »micro-évolution« c'est-à-dire d'évolution progressive et continue du morphotype des Japonais. Dans ce cadre très radical d'après la guerre, tout continuiste qu'ait été le »modèle du métissage«, à nouveau défendu par Kiyono en 1949[63], il fut alors considéré par Hasebe d'une part comme non scientifiquement démontré, et même, d'autre part, qualifié d'avatar de l'impérialisme colonial, jugé comme un résidu de »l'idéologie d'avant-guerre«. Ainsi, se posant en champion de la critique de l'impérialisme annexionniste, la thèse de la pureté raciale put-elle s'imposer après la guerre et la décolonisation, tout en étant, ironie de l'Histoire, critiquée par les anciens anthropologues physiques coloniaux autour de Kanaseki et des chercheurs anciennement à Séoul. Étant l'un des rares anthropologues physiques à avoir activement participé à l'effort militaire durant la guerre du Pacifique, Kiyono a ensuite été très déconsidéré par ses pairs. Pourtant, son cheminement et ses positions, replacés dans leur contexte, invitent plutôt à saisir ce personnage en tant que figure emblématique de l'époque de l'empire colo-

---

[62] Sur René Martial, voir la contribution de Benoît LARBIOU dans le présent ouvrage.
[63] Après la guerre, Kiyono fut directeur du Centre de recherche sur la santé (Kôsei kagaku kenkyûjo) à Ibaraki en 1947, puis professeur à l'université de médecine de Tôkyô (Tôkyô ika daigaku) en 1950. L'après-guerre lui permit de se consacrer davantage à sa recherche historique.

nial, époque dont il résume les tendances lourdes et les contradictions, partagé entre le positivisme de son anthropologie physique, l'idée paradigmatique du métissage, ou encore entre son patriotisme vis-à-vis de l'empereur et une certaine idée de la continuité du peuplement. Dans ces oppositions et ces contradictions, et dans cette récurrence de la question du métissage (historique ou contemporain), c'était un débat sur la forme de l'État-nation qui avait lieu tandis que l'empire colonial obligeait à reposer une nouvelle fois la question de l'identité nationale.

MARC SCHINDLER-BONDIGUEL

Auxiliaires indigènes ou soldats français?
Race, civilisation et genre dans la construction d'une catégorie impériale: le soldat indigène
L'exemple des soldats malgaches (1889–1939)

Le 21 décembre 1920, une soixantaine d'hommes français et malgaches – ces derniers vêtus en uniforme militaire – se réunissent dans une salle de la Sorbonne pour fonder la Ligue française pour l'accession des indigènes aux droits de citoyen (LFAIDC)[1]. Cet événement déclenche une polémique dont la presse coloniale française se fait l'écho pendant plusieurs mois. Georges Julien, entre autres, haut fonctionnaire colonial à Madagascar pendant la guerre, conteste le droit de cité des Malgaches:

> La participation des Malgaches à la guerre – ils furent 43 000 environ sur trois millions d'habitants et ne subirent pas, au feu, 1% de pertes – ouvre, certes, un gros compte créditeur à cette sympathique race dans le grand livre du doit et avoir de la métropole avec sa colonie: mais s'il est juste de ne point oublier les braves gens ayant servi sous nos drapeaux, ce n'est point une raison suffisante pour assimiler d'emblée à des Français de France les 2 950 000 indigènes restés dans leur île et dont la mentalité, bien trop éloignée de la nôtre, interdit pour très longtemps toute possibilité semblable[2].

Dans son argumentaire, Julien s'appuie sur les thèses du docteur Fontoynont, directeur de l'école de médecine de Tananarive, qui décrit les Malgaches comme une race en voie d'évolution, passée »brusquement d'un état de civilisation très inférieur à un degré beaucoup plus élevé«. Selon lui, cette évolution aurait été trop rapide pour »bien équilibrer l'âme et le cerveau«. Il en résulterait des »qualités« comme des »défaillances«: les Malgaches seraient certes dotés d'un »cerveau remarquable«, mais ils courraient le risque, s'ils étaient »livrés à eux-mêmes, de retomber dans l'infériorité où ils se trouvaient il y a encore si peu de temps«[3]. Selon cette classification racialo-psychologique, les Malgaches se situeraient donc entre les »races primitives« et la civilisation française.

En réponse, le secrétaire de la LFAIDC, Jean Ralaimongo, un sous-officier issu de l'élite malgache instruite et assimilée, qui qualifie Julien de »héros de l'arrière«, rap-

---

[1] Pour une étude sur cette ligue et sur le versant malgache de l'assimilationnisme cf. Solofo RANDRIANJA, Société et luttes anticoloniales à Madagascar (1896 à 1946), Paris 2001.
[2] Georges JULIEN, Les indigènes de nos colonies en France. Anticipations mal inspirées, dans: La Dépêche coloniale et maritime (14 janvier 1921).
[3] ID., Sujets et citoyens. Aux Malgaches de Paris. Ne réclamez pas, pour la totalité de la population, des droits qui ne conviennent qu'à quelques-uns, dans: La Dépêche coloniale et maritime (23 mars 1921).

pelle les décorations, les citations et autres louanges publiques dont ont bénéficié les régiments malgaches:

> Nous osons espérer que l'administration dont il dépend ne laissera pas [...] ce gouverneur sans emploi diffamer les combattants et les morts malgaches: c'est de l'intérêt d'une politique sage pour Madagascar. Personne, osons-nous croire, ne déniera aux Malgaches survivants de la guerre, les droits civils et politiques conférés aux Algériens, aux Sénégalais etc.[4]

Ces positions sont révélatrices de la manière dont ont été discutés et liés, au lendemain de la guerre, la question des droits du citoyen français, le service militaire indigène et l'idéal de la masculinité combative et patriotique, devenu hégémonique depuis la fin du XIXe siècle[5]. D'un côté, les vertus masculines telles que le sacrifice, le courage et le patriotisme sont invoquées pour définir qui est un citoyen et qui est un »sujet français«. C'est ainsi que le soldat indigène insiste sur l'impôt du sang, qui impliquerait, selon lui, automatiquement la jouissance des droits du citoyen français. D'un autre côté, c'est un modèle hiérarchique et évolutionniste de civilisations et de races qui prévaut, sur la base duquel le fonctionnaire français dresse le portrait d'une nation malgache incomplète, à laquelle correspondraient nécessairement des hommes, c'est-à-dire des citoyens, incomplets.

Dans le cadre de cet article, nous souhaitons montrer à travers l'exemple des soldats malgaches de l'armée coloniale française, comment les concepts de civilisation, de race et de genre sont mis en œuvre pour définir le statut des soldats indigènes. Dans une première partie, nous retracerons brièvement la genèse de la catégorie impériale du soldat indigène entre 1889 et 1933. Au cours de cette période, leur statut est différencié et en définitive caractérisé par une triple dissociation: entre la conscription et la citoyenneté, entre la nationalité et la citoyenneté; et entre les droits sociaux d'une part, et les droits civils et politiques d'autre part. Dans une deuxième partie, nous évoquerons la militarisation de l'homme malgache au regard de la doctrine dite des »races guerrières«. C'est en effet dans la période de l'avant-guerre que sont tout particulièrement mobilisés des critères anthropologiques et des vertus masculines pour marquer la différence entre le citoyen et le sujet. La représentation collective du soldat malgache comme un »auxiliaire indigène« et non pas comme un »guerrier-né« détermine largement son emploi pendant la Grande Guerre et les droits qu'il peut faire valoir. Dans une troisième partie, nous aborderons les débats relatifs à la conscription coloniale, en métropole comme à Madagascar. Deux visions de l'ordre colonial entrent en conflit:

---

[4] Jean RALAIMONGO, De Madagascar. Protestation de la Ligue française pour l'accession des indigènes au droit de citoyen, dans: L'Action coloniale (10 février 1921).

[5] Pour le contexte français cf. Odile ROYNETTE, Bons pour le service. L'expérience de la caserne en France à la fin du XIXe siècle, Paris 2000, p. 5–8. Voir aussi André RAUCH, Le premier sexe. Mutations et crise de l'identité masculine, Paris 2000. Pour des études allemandes et anglo-saxonnes cf. p. ex. Ute FREVERT, Männer, Staatsbürger. Überlegungen zur historischen Konstruktion von Männlichkeit, dans: Thomas KÜHNE (dir.), Männergeschichte – Geschlechtergeschichte. Männlichkeit im Wandel der Moderne, Francfort/M., New York 1996, p. 69–87; Stefan DUDINK, Karen HAGEMANN, John TOSH (dir.), Masculinities in Politics and War. Gendering Modern History, Manchester 2004.

d'une part, une logique militaire utilitariste, de tendance assimilatrice et basée sur l'idée d'une fraternité d'armes issue de la guerre; d'autre part, une logique civile qui, en exigeant comme démonstration complémentaire de loyauté un certain degré d'assimilation des soldats malgaches, vise à maintenir l'équilibre local des relations de pouvoir. À l'issue de ces débats, nous semble-t-il, le soldat malgache est soumis à un régime administratif plus restrictif que celui dont bénéficient les soldats indigènes d'autres colonies françaises. Enfin, dans une quatrième partie, le régime de la naturalisation[6] à Madagascar sera analysé au travers de quelques dossiers de soldats malgaches, avec une ouverture chronologique jusqu'à la veille de la Seconde Guerre mondiale. Au lendemain de la Grande Guerre, l'État colonial local rejette comme trop libéral un projet de décret spécial du ministère de la Guerre, visant à favoriser la naturalisation des soldats décorés. En pratique, le taux de naturalisation des soldats malgaches est bien inférieur à celui des autres catégories socioprofessionnelles. Pour l'administration locale s'agissant des soldats, le critère de l'assimilation prime en effet celui du loyalisme. Dès 1930, cette politique restrictive touche également ceux qui ont obtenu le statut d'ancien combattant.

LE SOLDAT INDIGÈNE
GENÈSE D'UNE CATÉGORIE IMPÉRIALE

Le statut du soldat indigène est élaboré entre 1889 et 1933, au terme d'un long travail juridico-bureaucratique d'identification et de catégorisation, auquel participent des parlementaires, des militaires, des administrateurs et des juristes. La genèse de la catégorie socio-administrative du soldat indigène est elle-même l'expression d'une évolution plus globale au niveau de l'empire, celle d'une étatisation des relations de pouvoir entre colonisateur et colonisés[7]. Dans le cadre des grandes lois républicaines de 1889, qui sont adoptées après d'intenses polémiques, le statut des soldats indigènes est d'abord déterminé par une double dissociation: d'une part, entre la conscription et la citoyenneté; d'autre part entre la nationalité et la citoyenneté. La loi sur la conscription lie en effet d'une manière étroite, pour la France métropolitaine, l'obligation du service militaire et la jouissance des droits civils et politiques, mais les sépare dans la sphère coloniale[8]. Cette loi, dite de trois ans, y instaure en principe le service militaire

---

[6] Dans la mesure où notre analyse concerne exclusivement les sujets français, à l'exclusion des protégés français ou étrangers, le terme naturalisation signifie l'accession aux droits du citoyen français.
[7] Pour la définition du terme »catégorie socio-administrative« cf. Gérard NOIRIEL, Introduction à la socio-histoire, Paris 2006, en particulier p. 7. Voir aussi ID., État, nation et immigration. Vers une histoire du pouvoir, Paris 2001.
[8] Pour le lien entre la conscription et la citoyenneté, cf. Rogers BRUBAKER, Citizenship and Nationhood in France and Germany, Cambridge 1992; Pierre ROSANVALLON, Le sacre du citoyen. Histoire du suffrage universel en France, Paris 1992; Annie CRÉPIN, La conscription en débat ou le triple apprentissage de la nation, de la citoyenneté, de la République (1798–1889), Arras 1998.

indigène, tout en laissant aux administrations locales le choix de déterminer, par voie de décret, la forme du recrutement[9]. Or, le plus souvent, le recrutement est effectué sur la base du seul volontariat, ce qui relègue de fait les soldats indigènes au rang de simples »auxiliaires«, et justifie leur exclusion de la cité. Quant à la loi sur la nationalité, qui est étendue aux colonies en 1897, elle limite la jouissance des droits civils et politiques aux seuls »Français de France«. Son article 17 souligne que »rien n'a changé à la situation des indigènes«. Leur statut juridique – on parle aussi du »statut personnel« – est régi par le *senatus consulte* de 1865, dont la généralisation fonde une nouvelle catégorie de nationaux, celle des »sujets français non citoyens«. La civilisation et la race deviennent les deux catégories implicites qui justifient l'exclusion des indigènes de la cité: leurs mœurs, leurs habitudes et leurs traditions sont en effet considérées comme étant incompatibles avec le Code civil français. La différence entre le citoyen et le sujet recoupe celle entre l'Européen et l'indigène[10].

À l'approche de la Grande Guerre, cette dissociation entre conscription et citoyenneté est remise en question. À partir de 1907, des parlementaires, des militaires et des juristes débattent de l'emploi en France, en cas de guerre, des troupes indigènes. Deux décrets instaurent en 1912 le régime de l'appel partiel en Algérie et en Afrique occidentale française (AOF)[11]. Au cours de la Grande Guerre, plusieurs décrets, adoptés notamment en AOF, reviennent sur la dissociation opérée en 1889, en conférant aux »Originaires« des quatre communes du Sénégal soumis aux obligations militaires et à leurs descendants le droit de cité[12]. De même, en Afrique noire, en Indochine et à Madagascar, la question est posée de savoir si la participation à la Défense nationale n'implique pas des droits civils, même limités, comme par exemple l'exemption de l'indigénat[13]. La Grande Guerre est un moment accélérateur de la genèse de la catégorie impériale du soldat indigène. Sur le plan des représentations, l'épreuve du feu a fait de ceux que l'on appelait les »auxiliaires indigènes«, des »soldats indigènes« de la »Plus Grande France«. En métropole, la thématique assimilatrice trouve un large écho

---

[9] Cf. Jean-Charles JAUFFRET, Parlement, gouvernement, commandement: l'armée de métier sous la Troisième République 1871–1914, tome II: Le volontaire colonial, Paris 1987, p. 1016–1021; ID., Les armes de la plus grande France, dans: Guy PEDROCINI (dir.), Histoire militaire de la France, tome III: De 1871 à 1940, Paris 1992, p. 43–69, ici p. 45–46.

[10] Cf. en particulier Emmanuelle SAADA, La République des indigènes, dans: Vincent DUCLERT, Christophe PROCHASSON (dir.), Dictionnaire critique de la République, Paris 2002, p. 364–370, ici p. 365–367. Voir aussi Gérard NOIRIEL, Immigration, antisémitisme et racisme en France (XIXe–XXe siècle). Discours publics, humiliations privées, Paris 2007, p. 189–190.

[11] Cf. par exemple Charles-Robert AGERON, Les Algériens musulmans et la France (1871–1919), Paris 1968; Gilbert MEYNIER, L'Algérie révélée. La guerre de 1914–1918 et le premier quart du XXe siècle, Genève 1981; Marc MICHEL, Les Africains et la Grande Guerre. L'appel à l'Afrique (1914–1918), Paris ²2003.

[12] Cf. en particulier Marc MICHEL, Citoyenneté et service militaire dans les quatre communes du Sénégal au cours de la Première Guerre mondiale, dans: Perspectives nouvelles sur le passé de l'Afrique noire et de Madagascar: Mélanges offerts à Hubert Déchamps, Paris 1974, p. 299–314.

[13] Les décrets sur l'exemption de l'indigénat sont en pratique souvent restés lettre morte. Pour l'AOF cf. Gregory MANN, Native Sons. West African Veterans and France in the Twentieth Century, Durham, Londres 2006.

comme le montre, par exemple, un rapport de 1915 relatif à la création d'une véritable armée indigène française, recrutée par voie d'appel:

> La preuve a donc été faite, sur les champs de bataille les plus sacrés, qu'on ne séparera plus la France coloniale de la France d'Europe. Un pacte a été signé dans le sang pour le même honneur et pour les mêmes drapeaux. Les colonies sont entrées dans la cité par la grande porte du sacrifice commun pour une association traditionnelle d'intérêts et de devoirs[14].

Dans la foulée de la guerre, la séparation entre la conscription et la citoyenneté est plus fortement contestée, et la question du droit de cité pour les soldats indigènes est constamment remise à l'ordre du jour. Entre 1915 et 1916, plusieurs groupes de parlementaires français déposent successivement sept propositions de loi visant soit à une naturalisation collective, soit à une naturalisation facilitée pour les soldats indigènes qui participent à la Défense nationale. Mais ni l'idée d'une »naturalisation en masse«, ni celle d'une conscription universelle dans la sphère coloniale ne sont retenues. Comme le souligne Henri Bérenger, le rapporteur de la proposition de loi tendant à créer une »armée indigène«, en 1915:

> Le service militaire obligatoire n'est pas jusqu'ici un article d'importation dans les colonies. Tel qu'il fonctionne aujourd'hui dans la démocratie française, il est l'œuvre complexe du temps et de la liberté. C'est le statut d'une nation de citoyens, ce ne peut pas être le régime de plusieurs races de sujets. D'aussi sublimes servitudes ne peuvent être imposées par la loi que si elles ont été d'abord consenties par la raison et le cœur. La conscription ne s'improvise pas plus que la patrie. N'exigeons pas de nos sujets indigènes les mêmes devoirs militaires que les nôtres, alors que nous ne leur avons pas consenti les mêmes droits civiques[15].

À la base de cet argument se trouve l'idée selon laquelle, contrairement aux »Français de France«, les indigènes n'auraient ni patrie, ni nation. Pour le sénateur Bérenger, la différence réside dans le fait que les citoyens français auraient consenti au service militaire obligatoire »comme un libre sacrifice à la patrie de leur idéal et de leurs ancêtres«[16]. L'idée de la nation armée s'inscrit ici dans un modèle hiérarchique et évolutionniste de civilisations et de races. Comme l'a montré Emmanuelle Saada s'agissant de la doctrine juridique, les différences entre les citoyens et les sujets sont ici réputées refléter des réalités plus profondes, celles des civilisations qui sont elles-mêmes le produit d'une »réalité historique plus stable encore«, celle de la race au sens de la continuité des générations et d'une population enracinée dans son territoire avec ses institutions spécifiques[17].

---

[14] Rapport sur le recrutement d'une armée indigène à la commission de l'armée par M. Henry Bérenger, sénateur (adopté à l'unanimité par la commission dans sa séance du 26 novembre 1915), SHAT 7N2121.
[15] Ibid.
[16] Cf. ibid.
[17] Cf. Emmanuelle SAADA, Une nationalité par degré. Civilité et citoyenneté en situation coloniale, dans: Patrick WEIL, Stéphane DUFOIX, L'esclavage, la colonisation, et après... France, États-Unis, Grande-Bretagne, Paris 2005, p. 193–227, ici. p. 209.

À partir de 1918, plusieurs décrets »tendant à faciliter l'accession à la qualité de français des indigènes ayant pris part à la guerre 1914–1918« sont promulgués en AOF, en AEF et en Indochine[18]. Pour les administrations coloniales et métropolitaines, l'inclusion ou non des soldats indigènes dans le corps national résulte alors moins de leur degré d'assimilation que de leur loyalisme, lequel dépend en particulier des décorations militaires qui leur ont été décernées, et du fait qu'ils aient ou non servi dans la »zone des armées«. Le soldat décoré est regardé comme un indigène particulièrement »naturalisable«, qui sortirait de la »grande masse des indigènes« en raison du »sang versé pour la France«, de sa bravoure et de son courage[19]. Toutefois, l'adoption de l'ensemble de ces décrets spéciaux, créateurs de droits à titre individuel, justifie, en définitive, le déni de l'octroi aux soldats indigènes de la citoyenneté en tant que droit collectif. Le découplage de la conscription et de la citoyenneté est ainsi confirmé, alors que, dans la plupart des colonies françaises, des décrets sont promulgués pour prolonger la conscription au-delà de la période des hostilités (1918/1919 à Madagascar, 1919 en AOF et en AEF, 1923 en Indochine). Au lendemain de la guerre, le statut des soldats indigènes est déterminé par une nouvelle dissociation qui concerne cette fois les droits sociaux d'une part, et les droits civils et politiques d'autre part. De 1920 à 1923, la commission interministérielle des troupes indigènes dite »commission Mangin« réaffirme une »vision impériale« de la Défense nationale[20]. Elle travaille notamment sur la question des pensions dont bénéficient les soldats algériens depuis 1919. En application de la loi sur les finances de 1924, les soldats indigènes sont identifiés et répertoriés en vue de la détermination de leur éventuel droit à pension. Puis, à compter de 1929, dans le cadre de la loi sur les pensions militaires des soldats et marins indigènes, ils sont mis sur un pied d'égalité avec les soldats français dans le domaine des pensions, lesquelles sont cependant »adaptées aux conditions locales«[21]. Dans la procédure d'attribution des pensions, les autorités distinguent les soldats naturalisés des soldats indigènes, mais également les officiers et les sous-officiers des rangs inférieurs; les soldats ayant servi dans la »zone des armées« entre 1914 et 1918 des »non combattants«. En 1930, l'introduction de la carte du combattant permet d'identifier ceux des

---

[18] À Madagascar, comme nous le verrons plus loin, les discussions sur un tel décret n'aboutissent pas. Pour les réformes de 1919 en Algérie cf. en particulier Charles-Robert AGERON, Les Algériens musulmans (voir n. 11). Voir aussi Laure BLÉVIS, Sociologie d'un droit colonial. Citoyenneté et nationalité en Algérie (1865–1947): une exception républicaine?, thèse de doctorat soutenue à l'Institut d'études politiques d'Aix-en-Provence le 18 décembre 2004.

[19] Pour le régime de la naturalisation en Algérie cf. Laure BLÉVIS, La citoyenneté française au miroir de la colonisation: Étude des demandes de naturalisation des sujets français en Algérie coloniale, dans: Genèses 53 (2003), p. 25–47, ici p. 39–44.

[20] Pour cette commission cf. en particulier Myron ECHENBERG, Colonial Conscripts. The Tirailleurs Sénégalais in French West Africa, 1857–1960, Portsmouth 1991, en particulier p. 65–67.

[21] Cf. le décret du 31 janvier 1929 sur les taux et règles des pensions des militaires et marins dans les colonies et de leur ayants cause. Pour ce qui concerne les soldats indigènes, ce décret a été élaboré par une commission chargée d'étudier les droits à pension des militaires et des marins indigènes entre 1926 et 1928. Les soldats indigènes nord-africains bénéficient d'une égalisation des pensions avec celles des français depuis mars 1919. Cf. Pascal LE PAUTREMAT, La politique musulmane de la France au XXe siècle. De l'Hexagone aux terres d'Islam. Espoirs, réussites, échecs, Paris 2004, p. 162–167.

anciens combattants indigènes qui, avec leurs familles, peuvent faire valoir des droits sociaux. Sous certaines conditions (durée de service, emploi dans la »zone des armées«), la possession de cette carte confère un droit à pension, également adapté aux conditions locales[22]. À partir de 1933, la possession de la carte du combattant doit faciliter la naturalisation des anciens combattants indigènes[23].

CITOYENS ET SUJETS EN UNIFORME
LES SOLDATS MALGACHES ENTRE »RACES PRIMITIVES«
ET CIVILISATION FRANÇAISE

La militarisation de la sphère coloniale est basée sur la doctrine des *races guerrières* essentiellement depuis la loi sur l'armée coloniale de 1900[24]. Cette doctrine consiste à déterminer l'aptitude au service militaire des populations indigènes masculines sur la base de critères anthropologiques. Dans de nombreuses études sur le recrutement, les militaires et les administrateurs coloniaux inventorient ces populations et les classent selon un modèle hiérarchique et évolutionniste de civilisations et de races. En 1910, avec le plan Mangin de création d'une »armée noire«, le soldat noir est placé au sommet de la hiérarchie de l'ethnologie militaire. Il est considéré, de par ses qualités de race, comme un »guerrier-né«, endurant, brave et loyal. Un manuel destiné aux officiers français, publié en 1923 par le ministère de la Guerre, confirme cette racialisation des vertus militaires et résume clairement cette doctrine:

Les peuples qui habitent le domaine colonial français appartiennent aux variétés ethniques les plus diverses; ils sont difficilement comparables. Les uns sont encore dans un état social primitif comme les Noirs du Centre africain, les autres, ou bien sont en voie d'évolution plus ou moins rapide (Dahoméens, Ouolofs, Malgaches, etc.) ou commencent à adapter leur propre civilisation au progrès moderne (Annamites). [...] Les uns ont les qualités et défauts des races primitives. Leur intelligence peu éveillée n'exclut pas un certain sens pratique et un jugement sûr: ils sont bons, simples, désintéressés, confiants et fidèles, ils sont aussi éminemment braves et dévoués jusqu'au sacrifice. Ils font de bons soldats, mais des spécialistes encore médiocres. Les autres, dont l'état de civilisation est aussi ancien que le nôtre, mais qui ont évolué d'une autre manière, possèdent des aptitudes intellectuelles précieuses, ils se montrent ouvriers habiles et artisans adroits; mais ils sont moins robustes, moins résistants; ils ne possèdent pas au même degré les qualités belliqueuses que l'on remarque chez les primitifs[25].

---

[22] Cf. le décret du 24 août 1930 relatif à l'attribution de la carte du combattant aux anciens combattants des colonies.
[23] Cf. le décret du 19 avril 1933 sur l'accession des indigènes anciens combattants à la qualité de citoyen français.
[24] Cf. p. ex. Joe LUNN, Les races guerrières: Racial Preconceptions in the French Military about West African Soldiers during the First World War, dans: Journal of Contemporary History 34/4 (1999), p. 517–536.
[25] Ministère de la Guerre, Manuel élémentaire à l'usage des officiers et des sous-officiers appelés à commander des indigènes coloniaux dans la métropole, Paris 1923, p. 8.

Dès la veille de la Grande Guerre, la doctrine des »races guerrières« devient le modèle dominant de la politique militaire en sphère coloniale française. Elle fonde une »vision impériale« de la Défense nationale[26]. Confrontées à une faible natalité, et à des tensions croissantes entre les puissances impériales, les élites politiques et militaires décident d'employer des troupes indigènes en Europe en cas de guerre. En 1912, les plans Messimy et Mangin, qui prévoient l'utilisation de troupes nord-africaines et noires en Europe, conduisent à l'adoption de deux décrets, qui introduisent la conscription en Algérie et en Afrique occidentale française pour le cas où les engagements volontaires seraient insuffisants[27]. À Madagascar, la militarisation de l'homme indigène puise dans les représentations collectives nées au moment de la conquête de l'île et dans la »politique des races« mise en place par le général Gallieni (1896–1905). Ce n'est qu'un peu plus tard que, dans le contexte de la doctrine des *races guerrières*, elle s'inscrit également dans un processus de »négrification« (Chantal Valensky) du soldat malgache. La conquête de l'île a été extrêmement coûteuse en hommes pour l'armée française, en raison du climat et de la stratégie belligérante des indigènes. Pour les militaires français, l'armée royale malgache ne se serait pas convenablement battue et aurait empêché le soldat français de se couvrir de gloire; le soldat malgache serait un lâche et un »ennemi insaisissable«[28]. Dans cette représentation, l'armée indigène apparaît comme le contraire d'une armée moderne: les soldats ne connaissent ni l'héroïsme, ni le loyalisme, ni le patriotisme ni l'honneur militaire. Cette image négative est surtout invoquée à l'encontre des Hovas, dont est issue l'ancienne famille royale malgache. La »politique des races« de Gallieni vise en effet à briser l'hégémonie des Hovas dans la société indigène. Au tournant du siècle, le pouvoir colonial essaie donc de recruter parmi les autres »ethnies« de l'île sur la base d'un modèle mixte de volontariat et d'appel[29].

En 1902, une première grande étude sur le recrutement malgache est publiée. Son but est de déterminer la valeur militaire des différents groupes qui composent la population de l'île. L'étude distingue neuf »ethnies« différentes, et les classe selon des critères militaires et anthropologiques. Les Hovas et les Betsiléos, qui représentent la moitié de la population, sont à la fois considérés comme intelligents, en raison de leur domination historique sur l'île, et »doux, […], peureux, lâches à l'occasion«, »faibles«. Pour les militaires français, ils »n'ont pas le sentiment guerrier« et constituent »un recrutement médiocre«. Il est prévu de les recruter seulement en petit nombre, de les utiliser comme infirmiers, interprètes et cavaliers de liaison, c'est-à-dire de leur donner

---

[26] Cf. Marc MICHEL, Les Africains (voir n. 11), p. 249.
[27] Pour l'Algérie cf. notamment Belkacem RECHAM, Les musulmans algériens dans l'armée française (1919–1945), Paris 1996. Pour l'AOF cf. Myron ECHENBERG, Colonial Conscripts (voir n. 20).
[28] Cf. Chantal VALENSKY, Le soldat occulté. Les Malgaches de l'armée française 1884–1920, Paris 1995, p. 105–113.
[29] Pourtant, à partir des années 1904 et 1905 les Hovas dominent numériquement dans les régiments malgaches. Cf. Capitaine MONTOYA, De l'aptitude militaire des malgaches. Observations de toute nature faites dans l'instruction d'une unité pendant deux ans, dans: Revue des troupes coloniales 83 (1909), p. 391–412.

des fonctions qui demandent »plus d'intelligence que de vigueur«[30]. L'aptitude au service militaire du deuxième groupe, qui est constitué des Betsimisarakas, des Anataifasy, des Antaimoros, des Tanalas et des Baras, serait limitée par un manque d'intelligence et un excès d'apathie. Toutefois, certains d'entre eux seraient »d'excellents éléments, bons marcheurs, sobres, robustes et très braves«[31]. Au sommet de la hiérarchie militaire se trouvent les Makoas, les Sakalaves et les Comoriens, qui ne représentent pas plus de 5% de la population malgache. Identifiés comme les soldats les plus noirs de l'île au regard de leur phénotype, ils seraient vigoureux et de bons soldats. Ils auraient »l'esprit guerrier«, même s'ils se plieraient difficilement à la discipline. Les Comoriens font l'objet d'une estime particulière de la part des militaires français: ils auraient »toutes les qualités des races indigènes du littoral et un entrain au feu presque comparable à celui des tirailleurs sénégalais«[32].

Cette valorisation virile du soldat noir est profondément ambiguë, en ce qu'elle repose sur la représentation de certaines populations malgaches comme des »races primitives«. En 1906, par exemple, un manuel met en garde les officiers français contre toute action qui pourrait »faire franchir à l'indigène le degré parfois assez faible qui le sépare de la bête«[33]. Par ailleurs, la moindre valeur militaire qui est imputée aux Hovas s'explique, outre leur manque de bravoure et de loyalisme, par le fait que des qualités féminines telles que la douceur, la lâcheté et la peur leur sont attribuées[34]. À l'opposé, l'officier français apparaît comme un homme moralement supérieur de par sa maîtrise de soi, sa fermeté et son paternalisme[35]. Dans ce manuel de 1906, les vertus masculines du sacrifice, de l'héroïsme et du patriotisme sont constamment mobilisées pour marquer la différence entre le citoyen et le sujet. Le soldat français défendrait sa nation par conviction et serait prêt au sacrifice individuel par idéalisme, alors que le soldat indigène combattrait tout au plus pour sa tribu ou, en tant que mercenaire, pour le compte du roi[36]. C'est ainsi que sont déniées aux soldats malgaches les qualités qui constituent la matrice du concept de la citoyenneté depuis la fin du XIXᵉ siècle: le citoyen doit non seulement être un individu rationnel et autonome; il doit également payer l'impôt du sang et défendre sa nation. Ces représentations collectives des soldats malgaches, entre »races primitives« et civilisation française, élaborées depuis la fin du XIXᵉ siècle et

---

[30] Cf. Anonyme, Étude sur le recrutement malgache, dans: Revue des troupes coloniales 5 (1902), p. 477–495, ici p. 487, 493.
[31] Cf. ibid., p. 494–495.
[32] Cf. ibid., p. 488; p. 494.
[33] Cf. Anonyme, Cadre français et troupes indigènes à Madagascar, dans: Revue des troupes coloniales 52 (1906), p. 460–474, ici p. 471–472. Cet article est issu d'une brochure publiée par le ministère de la Guerre en 1904/1905 et qui est conservée dans le fonds de Madagascar du SHAT.
[34] Pour une étude du lien entre la domination coloniale et la féminisation des indigènes cf. Mrinalini SINHA, Colonial Masculinity. The Manly Englishman and Effeminate Bengali in the Late Nineteenth Century, Manchester, New York 1995.
[35] Pour une étude du couple héros blancs-guerriers noirs cf. Sandra MASS, Weiße Helden, schwarze Krieger. Zur Geschichte kolonialer Männlichkeit in Deutschland 1918–1964, Cologne 2006.
[36] Cf. Anonyme, Cadre français (voir n. 33), p. 461.

profondément ancrées dans les mentalités, contribuent à faire d'eux un type exemplaire d'»auxiliaire indigène«, lequel, en termes de combativité, a cependant une valeur militaire limitée. En 1908, un décret confirme que le recrutement s'effectue par principe sur la base du volontariat par voie d'engagements et de réengagements. Encore à la veille de la Grande Guerre, le fondateur de »l'armée noire«, le Général Mangin, juge les soldats malgaches peu endurants, peu courageux, peu loyaux et n'envisage leur emploi qu'en présence d'un fort encadrement[37].

DE LA GUERRE À L'APRÈS-GUERRE
LA DISSOCIATION DÉFINITIVE ENTRE LA CONSCRIPTION ET LA CITOYENNETÉ DANS LA SPHÈRE COLONIALE

La contribution de la sphère coloniale à la défense de la métropole se chiffre à environ 600 000 soldats et 200 000 ouvriers indigènes, dont 40 000 soldats et 5 000 ouvriers malgaches[38]. L'entrée en guerre, l'emploi et le statut des Malgaches sont particuliers à plusieurs titres. Ils ne sont d'abord utilisés que pour défendre la colonie. Un bataillon unique est ensuite envoyé en Tunisie, puis sur le front d'Orient en qualité de force policière. L'envoi en France n'est décidé qu'en 1916, dans le cadre d'un décret qui prévoit le recours aux soldats malgaches comme ouvriers dans les usines de guerre, comme infirmiers dans les hôpitaux militaires et comme commis dans l'administration militaire. Pour le ministère de la Guerre, le seul recrutement acceptable concernant les Malgaches est celui d'ouvrier indigène. En France, leur emploi suit une logique de classification et de hiérarchisation puisée dans les représentations et les pratiques coloniales: le Malgache, contrairement au Noir, serait intelligent et donc apte à certains travaux spécialisés[39]. Ce n'est qu'en 1917 et 1918 qu'un premier et unique régiment malgache est déployé sur le front français, comme unité combattante. À Madagascar, en 1918, le volontariat est toutefois remplacé par l'appel pour remédier à l'épuisement des engagements volontaires. En 1919, la conscription est prolongée au-delà des hostilités[40].

Dans l'immédiat après-guerre, le gouvernement de métropole et l'État-major décident de maintenir le service militaire indigène et de l'élargir aux temps de paix. Ils prévoient de stationner durablement en France des troupes indigènes, dont 12 000 Malgaches. En 1920, la commission interministérielle des troupes indigènes est mise en place, afin de préparer une nouvelle loi de recrutement pour la France et ses colonies.

---

[37] Cf. Chantal VALENSKY, Le soldat occulté (voir n. 28), p. 292–293.

[38] Les deux tiers des soldats envoyés au front sont issus de contingents nord-africains et d'Afrique noire. Cf. Marc MICHEL, Le monde colonial face à la guerre, dans: Stéphane AUDOIN-ROUZEAU, Jean-Jacques BECKER (dir.), Encyclopédie de la Grande Guerre 1914–1918, Paris 2004, p. 929–941.

[39] Concernant les ouvriers indigènes cf. Laurent DORNEL, Les usages du racialisme. Le cas de la main-d'œuvre coloniale en France pendant la Première Guerre mondiale, dans: Genèses 20 (1995), p. 48–72, ici p. 50, 56.

[40] Pour l'entrée en guerre des soldats et ouvriers malgaches cf. Chantal VALENSKY, Le soldat occulté (voir n. 28), p. 292–306.

Pour l'État-major, la création d'une véritable »armée indigène« est annoncée comme l'avènement d'une nouvelle ère, celle d'une »France groupant près de 100 millions de nationaux dans le même idéal, autour du même drapeau«. Cette armée indigène n'est cependant pas censée constituer immédiatement une armée de citoyens. Selon le rapporteur de la commission, elle se situerait entre »la forme mercenaire des contingents« et le régime des appels »basé sur des notions qui n'ont pas encore pénétré profondément tous nos indigènes«. C'est pourquoi il ne s'agit pas de »chercher l'assimilation des individus, soit entre diverses races indigènes, soit entre l'une de ces races et les Français de la métropole. [La commission] a considéré que le tempérament, les mœurs, le degré de civilisation, les conditions économiques et sociales créeraient des différences qu'il n'était pas au pouvoir des règlements d'effacer [sic]«[41]. La commission considère donc que le service militaire indigène est une obligation au même titre que l'impôt, mais comme le législateur de 1889, elle laisse le choix des modalités du recrutement aux gouvernements généraux. Des décrets spéciaux doivent en effet, comme le souligne le ministre de la Guerre, tenir compte »de la mentalité des indigènes, des traditions et de la situation politique locale«[42].

Dans les colonies, notamment en Algérie et à Madagascar, les administrations se refusent à fixer dans la loi le principe du service militaire indigène, ce qui n'aura aucun succès, puisque la loi sur le recrutement de 1923 l'instaure. C'est le cas du gouvernement général de l'Algérie, qui demande à ce que le régime des décrets soit maintenu sans »légiférer pour les individus, qui ne manqueraient pas de réclamer que la loi qui ferait d'eux des soldats en fasse en même temps des citoyens français«[43]. À Madagascar, le gouvernement s'oppose également au régime de l'appel. Le gouverneur général Garbit souligne à cet égard que:

> Les Malgaches paient l'impôt en argent, mais jusqu'ici l'impôt du sang n'a été demandé qu'à des volontaires. Il s'agit d'un sacrifice librement consenti pour des raisons d'ordre moral et matériel [...]. Le jour où nous imposerons à tous l'impôt du sang, de quel droit refuserions-nous à tous les indigènes les mêmes droits qu'aux français de la Métropole, puisqu'ils auront les mêmes charges? Le moins que l'on pourrait faire, c'est d'octroyer de droit la qualité de citoyen français à tous les appelés qui en feraient la demande[44].

Dans ce contexte, Garbit redoute surtout l'afflux »d'un nombre formidable de nouveaux citoyens« qui, ayant »encore une mentalité tout à fait différente de la nôtre«, pourraient bouleverser l'organisation politique de la colonie. C'est pourquoi il exclut

---

[41] Cf. Général de division Gassouin, Rapport d'ensemble de la commission des troupes indigènes (Paris, 8 juin 1920), SHAT 7N2306. D'autres hauts responsables militaires vont encore plus loin dans la rhétorique assimilatrice en exigeant de »généraliser le principe de la nation armée dans l'empire constitué par la métropole et les colonies« (Général de division Lombard, Note relative à l'organisation militaire des colonies [Paris, 10 mars 1921], SHAT 7N2351).

[42] Cf. Maginot, Programme gouvernemental de recrutement et d'organisation des forces indigènes (1920), SHAT 7N2306.

[43] Cf. GGA à Intérieur a/s du service militaire indigène (Alger, 11 février 1922), SHAT 7N2351.

[44] GGM à Colonies a/s de la politique indigène (Tananarive, 26 juillet 1922), CAOM/SG Mad 325/841.

toute »naturalisation en masse«, corollaire nécessaire du service militaire obligatoire. Selon lui, la distinction entre »la masse indigène« et »l'élite indigène« est indispensable pour le maintien de la domination française et du »statut individuel«, des lois, des usages et des institutions des indigènes[45].

S'agissant de la question de la conscription, la loi sur le recrutement de 1923 dissocie définitivement, pour les indigènes des colonies françaises, l'obligation du service militaire et la jouissance des droits civils et politiques français. Une multitude d'arguments sont alors avancés. En règle générale, face à la crise des effectifs, les militaires mettent en avant l'idéal assimilateur de l'armée vue comme une école de la nation; le passage des indigènes sous les drapeaux constituerait moins »un danger politique pour la colonie« qu'une »influence salutaire au point de vue de leur loyalisme envers la France«[46]. Cette rhétorique assimilatrice est basée sur un modèle hiérarchique et évolutionniste de civilisations et de races, lesquelles auraient nécessairement chacune un potentiel d'assimilation différent. Les administrations locales, quant à elles, invoquent l'équilibre local des relations de pouvoir comme une »affaire de gouvernement«[47]. Elles insistent également, comme nous l'avons vu pour le cas du gouvernement général de Madagascar, sur le respect des mœurs, des traditions et des lois indigènes. Ce dernier argument prend ses racines dans la redéfinition de la doctrine coloniale républicaine à partir des années 1890. À cette époque, le concept de l'assimilation, dans le sens d'un relèvement culturel et de la francisation progressive des indigènes, est remis en question. Critiqué d'abord par des théoriciens de la colonisation, comme l'anthropologue Gustave Le Bon, puis par les administrateurs et les juristes coloniaux, il perd du terrain en faveur d'une doctrine fondée sur le principe du développement séparé des races, c'est-à-dire du postulat que chaque race évolue dans sa propre civilisation et dans son propre milieu[48].

Parallèlement, à partir de 1919, les demandes de naturalisation de soldats malgaches se multiplient. Confronté, en France comme dans la colonie, à des campagnes revendiquant l'égalité civile et politique[49], le ministère de la Guerre propose au gouvernement local de promulguer un décret spécial en faveur des soldats indigènes, comparable à ceux qui ont déjà été mis en place dans d'autres colonies (AOF, AEF et Indochine). Pour le commissaire général des effectifs coloniaux, Blaise Diagne, les soldats malgaches se seraient »révélés en effet excellents soldats, plein de sang froid et de bravoure au feu«. Selon lui, une légitime satisfaction devrait être donnée à ceux qui »ont été décorés de la légion d'honneur ou de la médaille militaire ou de la croix de guerre« ainsi qu'aux »malgaches cultivés qui, en servant sous les drapeaux, pendant la guerre,

---

[45] Ibid.
[46] Cf. Guerre à GGM a/s du recrutement indigène (Paris, 8 avril 1922), CAOM/SG Mad 325/841.
[47] Cf. GGM à Colonies a/s de la politique indigène (Tananarive, 26 juillet 1922), CAOM/SG Mad 325/841.
[48] Pour la doctrine coloniale cf. Raymond F. BETTS, Assimilation and Association in French Colonial Theory 1890–1914, New York, Londres 1961; Carole REYNAUD PALIGOT, La République raciale. Paradigme racial et idéologie républicaine, 1860–1930, Paris 2006, p. 253–258.
[49] Cf. Diagne à Colonies (Paris, 5 septembre 1919), CAOM/Affpol 1638.

ont prouvé leur attachement à la France«⁵⁰. Destiné à faciliter la conscription dans l'après-guerre, le projet de décret recueille cependant les critiques du ministre des Colonies et celles du gouvernement malgache. Le ministre n'y est pas complètement opposé, mais refuse une extension des critères d'admission:

> J'estime qu'il y aura lieu dans le projet de décret à intervenir de faire une distinction très nette entre combattants et non-combattants et de faire ressortir que l'accession à la qualité de citoyen français est une faveur et non un droit. Tous les malgaches qui sont venus combattre en France s'imaginent en effet qu'ils vont être déclarés citoyens français et je ne me dissimule pas quels inconvénients de tous ordres présenterait la naturalisation d'un nombre trop élevé d'anciens militaires indigènes⁵¹.

Chargé d'un rapport sur la question par le ministère, l'inspecteur général des Colonies, Norès, après consultation de l'administration supérieure locale, juge quant à lui qu'il ne serait pas souhaitable de multiplier les naturalisations d'indigènes à Madagascar. Il récuse le projet du décret spécial, qui risquerait selon lui de créer une »naturalisation de droit« en faveur des soldats indigènes décorés. Or, même s'ils s'étaient distingués au front, il ne serait pas démontré, selon Norès, »que leur conduite implique nécessairement des sentiments français«⁵²:

> J'estime que la naturalisation doit rester une faveur exceptionnelle, qu'il ne faut pas qu'elle risque de faire des Malgaches à qui elle aura été accordée des déclassés sortis de la société indigène et n'ayant pas accès dans leur nouveau milieu, qu'elle ne doit être accordée qu'à des indigènes qui, quels que soient les services rendus à la France, savent parler, lire et écrire notre langue et sont ainsi susceptibles de s'amalgamer à la société européenne et d'élever leurs enfants comme de jeunes français et que le retrait de la naturalisation doit être prévu en cas d'indignité⁵³.

Le contre-projet de décret que le gouverneur général de Madagascar, Garbit, soumet au ministère des Colonies en mai 1920 vise à exclure du bénéfice de la naturalisation, outre la femme et les enfants mineurs de l'aspirant, ceux des soldats indigènes qui, en dépit des »preuves manifestes de leur loyalisme et de leur bravoure«, ne présentent pas suffisamment de »garanties«, notamment ceux qui »ont servi à l'arrière« ou qui sont des »éléments peu recommandables«. Selon lui, il faut absolument empêcher que soit créée une »catégorie de déclassés« composée de citoyens français qui reprendraient »leurs habitudes anciennes«. C'est pourquoi des garanties devraient être fournies de ce que le postulant est apte »à occuper une place spéciale dans la société malgache« et de ce qu'il a les moyens financiers et intellectuels de se créer »une situation sociale meilleure, mieux adaptée à [son] titre de citoyen français«. À cet égard, le projet du gouvernement local exige des soldats indigènes »qu'ils parlent, lisent et écrivent le fran-

---

⁵⁰ Cf. Diagne à Colonies (Paris, 9 juillet 1919), CAOM/Affpol 1638.
⁵¹ Colonies à GGM a/s projet Diagne (Paris, 25 juillet 1919), CAOM/Affpol 1638.
⁵² Cf. Rapport fait par M. Nores, Inspecteur général des Colonies, Mission 1919–1920 (Tananarive, le 9 décembre 1919), CAOM/Affpol 1638.
⁵³ L'inspecteur général des Colonies, M. Nores, Chef de la mission de Madagascar, à Colonies a/s de la législation à appliquer à Madagascar (Tananarive, 22 janvier 1920), CAOM/Affpol 1638.

çais«[54]. Dans cette conception civile de l'ordre colonial, le rang social, les compétences culturelles et l'origine ethnique sont, en principe, convergents. Le projet de décret local n'est cependant pas accepté par le ministère des Colonies, pour qui il est »en contradiction avec les principes de notre droit civil«, en tant qu'il prévoit pour »les combattants des conditions plus sévères« que celles qui ont été fixées dans le décret de naturalisation du 3 mars 1909. Ce dernier n'impose pas en effet aux indigènes décorés de la légion d'honneur ou de la médaille militaire la connaissance du français et fait bénéficier la femme et les enfants mineurs du nouveau statut[55].

Dans le cadre des débats sur le recrutement et sur le projet de décret spécial, deux conceptions de l'ordre colonial entrent donc en conflit: d'une part, une logique militaire, profondément utilitariste, qui a en ligne de mire la future conscription coloniale, et qui, suivant l'idée d'une fraternité d'armes issue de la Grande Guerre, fait valoir le loyalisme des soldats malgaches comme l'expression d'une volonté d'assimilation; et, d'autre part, une logique civile, qui exige comme démonstration complémentaire de la loyauté un certain degré d'assimilation de chacun des postulants. Suivant les préceptes de la politique dite de »l'association«, il s'agit là de maintenir une organisation sociale qui repose sur un clivage ethnique.

LES SOLDATS MALGACHES EN PROCEDURE DE NATURALISATION UNE FABRIQUE DU CITOYEN ET DU SUJET

Le 3 mars 1909, l'État colonial malgache définit le statut des »sujets français« pour la première fois. Selon ce décret relatif à l'accession des indigènes aux droits de citoyen français, l'indigène est un »sujet français«, mais il conserve »le statut indigène« et il continue à être régi par les lois et coutumes locales[56]. Néanmoins, il peut accéder à la »qualité de Français« à titre individuel, s'il démontre qu'il a acquis des »habitudes de vie française«, qu'il pratique le français, qu'il fait »honneur à notre pays«. Au cours de la procédure de naturalisation, les administrateurs français sont appelés à s'assurer »de l'état d'esprit, des habitudes, des mœurs, du degré de francisation« du postulant au plan matériel et du point de vue moral[57]. Les indigènes décorés de la légion d'honneur ou de la médaille militaire sont cependant pour leur part dispensés de l'obligation de

---

[54] Cf. Procès-verbal de la séance extraordinaire du conseil d'administration de la colonie Madagascar en date du 20 avril 1920 et GGM à Colonies (Tananarive, le 9 mai 1920), CAOM/SG Mad 23/39. En AOF et en AEF, le décret spécial du 14 janvier 1918 prévoit que la citoyenneté sera acquise sur la demande du soldat indigène à ses enfants et même à plusieurs de ses femmes. Cf. Auguste-Raynald WERNER, Essai sur la réglementation de la nationalité dans le droit colonial français, Paris 1936, p. 34.
[55] Cf. Colonies à GGM (s.d.), CAOM/Affpol 1638.
[56] Cf. le décret du 3 mars 1909 relatif à l'accession des indigènes de Madagascar aux droits de citoyen français.
[57] Cf. la circulaire 364-F du 29 mai 1909, Le gouverneur général de Madagascar à messieurs les chefs de province et commandants de cercle, CAOM/GGM 6 (10) 5.

justifier de la connaissance de la langue française. Ce décret, avec la loi du 25 mars 1915[58] et le décret spécial sur la naturalisation des anciens combattants indigènes de 1933, constitue la base de la législation en matière de naturalisation des Malgaches entre 1909 et 1938. L'»acte d'État« (Alexis Spire) que représente la naturalisation sépare le citoyen du sujet français. C'est un puissant outil juridico-administratif qui permet à l'État colonial de réguler et de contrôler la composition ethnique de la nation française en situation coloniale[59].

Si l'on excepte les dossiers relevant du champ d'application du décret spécial relatif à la naturalisation des métis franco-malgaches de 1931[60], les administrations coloniales et métropolitaines se prononcent sur 1308 demandes émanant de Malgaches entre 1909 et 1934[61]. Parmi elles, 681 naturalisations sont accordées (52%), 274 demandes sont rejetées (21%), 294 sont ajournées (22%) et 59 dossiers restent sans suite (5%).

---

[58] Cf. la loi du 25 mars 1915 relative à l'acquisition de la qualité de citoyen français par les sujets français non originaires de l'Algérie et les protégés français non originaires de la Tunisie et du Maroc qui résident en France, en Algérie ou dans une colonie autre que leur pays d'origine. Dans son article 3, cette loi fixe des conditions spécifiques pour les soldats indigènes (»avoir servi dans l'armée française et y avoir acquis soit le grade d'officier ou de sous-officier, soit la médaille militaire«).

[59] Pour la définition de la naturalisation comme un acte d'État qui, dans le contexte métropolitain, sépare le national de l'étranger, cf. Alexis SPIRE, Étrangers à la carte. L'administration de l'immigration en France (1945–1975), Paris 2005, p. 325–328.

[60] 275 métis dont beaucoup de mineurs et de femmes/filles sont naturalisés entre 1932 et 1934 (1932: 153; 1933: 85; 1934: 37). Sur les décrets spéciaux concernant les métis cf. Emmanuelle SAADA, Les enfants de la colonie. Les métis de l'Empire français entre sujétion et citoyenneté, Paris 2007.

[61] Pour établir ces chiffres, nous avons croisé les données émanant des dossiers de naturalisation conservés dans le fonds du Gouvernement général de Madagascar et dans le fonds du ministère des Colonies (Affaires politiques) du CAOM. Pour une étude non exhaustive sur la naturalisation à Madagascar cf. Francis KOERNER, L'accession des Malgaches à la citoyenneté française 1900–1940 (un aspect de la politique d'assimilation aux colonies), dans: Revue historique 242 (1969), p. 77–98.

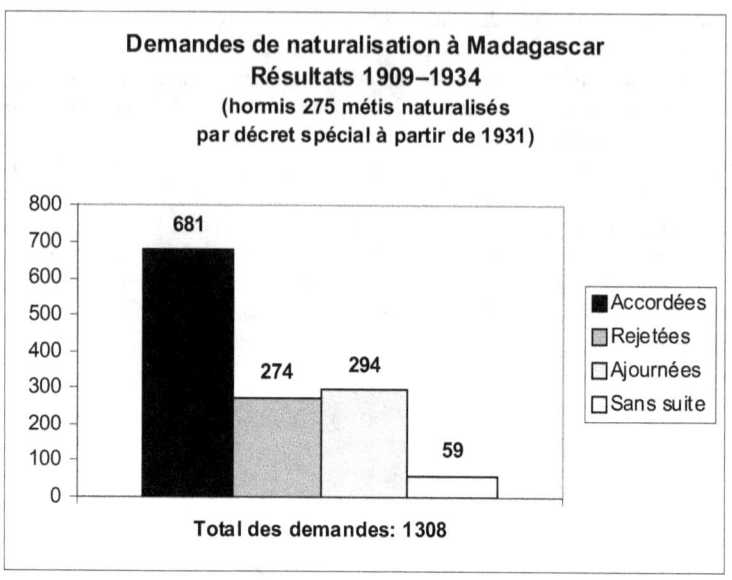

271 demandes, soit 21%, émanent de soldats; 19% sont formulées par des fonctionnaires subalternes de l'administration coloniale; 16% par des employés d'entreprises, de sociétés ou de cabinets français; et 16% par des professions libérales.[62]

Les naturalisations sont majoritairement accordées à des membres de l'élite malgache instruite et assimilée; à des métis, qui pour la plupart, ont été élevés par des sociétés philanthropiques ou des familles françaises[63]; ainsi qu'à des indigènes qui séjournent en France depuis plusieurs années, qui ont acquis des diplômes français ou qui sont mariés avec une femme française. Le prononcé d'un rejet ou d'un ajournement (43%) est largement plus fréquent à l'encontre des demandeurs issus de classes modestes (ouvriers, soldats, etc.). Il touche également les fonctionnaires subalternes auxquels l'administration assigne un statut social inférieur par rapport aux fonctionnaires français, dans le but, entre autres, de restreindre le nombre de »français naturalisés« dans ses rangs. En général, le taux de naturalisation des soldats est bien inférieur au nombre des naturalisations accordées aux autres catégories socioprofessionnelles: 77 soldats (soit 29%) sont naturalisés, contre 52% en moyenne, toutes catégories confondues. 89 des demandes émanant de soldats sont rejetées (33% contre 21% toutes catégories confondues), 82 sont ajournées (30% contre 22%) et 22 dossiers restent sans suite (8% contre 5%).

---

[62] Les autres catégories socioprofessionnelles se répartissent de la manière suivante: 107 médecins dont quelques libéraux, les autres étant majoritairement employés par l'AMI (Assistance médicale indigène) (8%), 32 enseignants (2%) et 239 divers (18%). Cette dernière catégorie regroupe des paysans, des ouvriers et des sans-profession, et compte quelques femmes et enfants.

[63] Avant 1932, 214 demandes sur un total de 957 émanent de métis, 123 naturalisations leur sont accordées (57%).

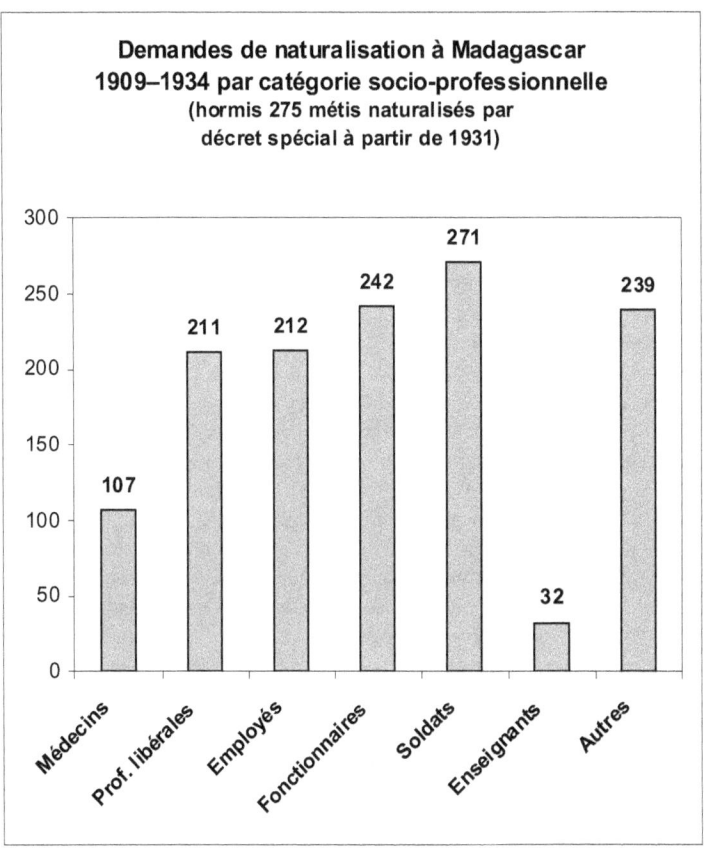

Dans la procédure de naturalisation, les paramètres qui sont favorables aux soldats sont leur degré d'assimilation (langue, instruction, mœurs, habitudes, sentiments), la loyauté (services exceptionnels) et le nombre d'années de service (»un vieux serviteur de la France«). Leurs chances d'être naturalisés sont plus élevées lorsque les soldats sont issus d'un milieu social supérieur, s'ils ont obtenu le grade de sous-officier ou des décorations pour faits de guerre (en particulier s'ils ont combattu pendant quatre mois d'affilée dans la »zone des armées«, et obtenu ainsi le statut de combattant) ou encore s'ils se sont mariés avec une femme française au cours d'un séjour de plusieurs années en métropole[64]. Beaucoup de demandes sont ajournées jusqu'à la fin du service des

---

[64] Pour ce dernier sujet je me permets de renvoyer à la communication »Soldats et ouvriers indigènes entre nation et empire: Les administrations face aux couples mixtes et à leurs enfants en France (1914–1919)«, que j'ai présentée dans le cadre du séminaire »L'État colonial, entre nation et empire (II)« d'Emmanuelle Saada à l'EHESS Paris le 27 avril 2006.

soldats. L'administration exige qu'une fois »rendus à la vie civile« ils donnent des preuves supplémentaires de leur assimilation. Le rejet des demandes est très fréquent s'agissant des soldats issus de milieux modestes, urbains ou ruraux, qui n'ont pas acquis le grade de sous-officier.

À l'inverse de l'assimilation nationale, c'est-à-dire du processus dans lequel les institutions républicaines (l'école, l'armée) opèrent, en tant que force collective, pour intégrer dans le corps national les classes populaires et certaines catégories d'étrangers, l'assimilation coloniale se caractérise par le fait que l'indigène qui demande l'accession aux droits de citoyen doit prouver qu'il peut être considéré comme »évolué« ou »développé«. En effet, l'assimilation et la loyauté du postulant indigène sont les deux critères principaux qui sont invoqués par l'administration afin de justifier de son admission ou non à la qualité de citoyen français[65]. Quand les administrateurs estiment que ces deux critères sont réunis, les demandes ont plus de chances d'être admises. Par exemple, entre 1918 et 1921, ils jugent particulièrement digne du titre de citoyen français A., soldat malgache qui, outre le fait qu'il est sous-officier, qu'il a servi dans une unité combattante et qu'il est décoré de la croix de guerre, serait un »sincère ami de la France«, de »bonne réputation«, de »bonne instruction« et dont les »habitudes sociales« le rapprocheraient des Européens[66]. À l'inverse, la demande d'un autre soldat malgache est ajournée parce qu'il ne se distinguerait point de la »plupart de ses camarades partis au front«: il se serait »bien conduit au front« et il serait un »excellent indigène«, mais il n'aurait pas les »habitudes de vie française«[67]. Bien des demandes de naturalisation émanant de soldats malgaches sont refusées pour les mêmes motifs que celle de ce maître des logis, stationné à Nîmes, en 1923:

> Sa famille vit entièrement suivant les coutumes indigènes et rien dans ses habitudes ne dénote une tendance quelconque à adopter les mœurs françaises. Le Chef de la province […] fait connaître que R. était avant son incorporation porteur de profession, marchant pieds nus et vivant entièrement à la façon indigène. Sa femme et ses enfants vivent exclusivement à la malgache, son frère est également porteur et sa vieille mère vit du produit d'un champ qu'elle cultive elle-même. R., dont les connaissances en langue française sont très limitées, est assez bien noté par l'Autorité militaire, mais celle-ci n'émet aucun avis au sujet de sa demande[68].

En règle générale, les refus sont basés sur une opposition faite entre la »francité« et l'»indigénité«, c'est-à-dire que la famille est de rang social modeste, continue de s'habiller selon la tradition indigène, vit dans une maison de type indigène, a des enfants faiblement instruits et ne maîtrise qu'imparfaitement ou pas du tout la langue française. Comme l'a montré Emmanuelle Saada s'agissant des procédures de naturali-

---

[65] Cf. Christian BRUSCHI, Droit de la nationalité et égalité des droits de 1789 à la fin du XIXe siècle, dans: Smaïn LAACHER (dir.), Questions de nationalité. Histoire et enjeux d'un code, Paris 1987, p. 21–59, ici p. 42–46.
[66] Cf. Directeur des Affaires civiles, Note de présentation au gouverneur général de Madagascar en conseil d'administration (Tananarive, le 20 avril 1920), CAOM/GGM 6 (10) 24.
[67] Cf. Directeur des Affaires civiles, Note de présentation au conseil d'administration (Tananarive, le 31 août 1918), CAOM/Affpol 1518.
[68] GGM à Colonies (Tananarive, le 7 février 1923), CAOM/Affpol 1519.

sation et de la doctrine juridique coloniales, l'assimilation prend le sens d'un processus individuel d'intériorisation de la civilisation française. Dans les pratiques administratives, elle revêt également une logique collective en ce qu'elle concerne la famille, voire l'appartenance ethnique de l'aspirant. Les notions de civilisation et de race y renvoient à »une communauté de valeurs et de règles de vie« quasiment statique. La coutume indigène, quant à elle, est généralement définie par l'ensemble des comportements, des lois et des institutions qui sont considérés comme étant incompatibles avec le Code civil français[69]. Dans ce contexte, le lien entre le milieu, la civilisation et la race semble être important. Cette lettre du gouverneur général au sujet des soldats malgaches ayant séjourné en métropole est éloquente:

Lorsque l'indigène retourne dans son pays d'origine, il ne tarde pas à reprendre la mentalité et la vie de ses compatriotes, lesquelles diffèrent profondément de celles qu'il paraît avoir en France, lorsqu'il est perdu dans un milieu civilisé qui agit fortement sur lui[70].

Dans cette perspective, l'incorporation de la civilisation française par l'indigène demeure nécessairement éphémère. À la base de cet argument se trouve l'idée selon laquelle le milieu d'origine serait dominant et la mentalité de l'indigène déterminée par des comportements à la fois hérités et acquis dans son milieu. Dans cette conception néo-lamarckienne, le milieu est pensé comme une catégorie biologique qui influe sur l'hérédité[71].

En 1923, confrontée à un afflux de demandes de naturalisation jusque-là inconnu, l'administration décide de restreindre davantage le nombre des admissions. Comme le souligne le directeur du contrôle financier de la colonie, un assouplissement des critères d'admission serait égal à »100 000 Malgaches susceptibles d'être naturalisés«. Le conseil d'administration décide alors de distinguer »l'évolution dans la cité indigène et l'évolution vers la cité française«[72]. Cette restriction touche en particulier les soldats indigènes, souvent issus de milieu modeste, urbain ou rural.

---

[69] Cf. Emmanuelle SAADA, Un racisme de l'expansion. Les discriminations raciales au regard des situations coloniales, dans: Didier FASSIN, Eric FASSIN (dir.), De la question sociale à la question raciale? Représenter la société française, Paris 2006, p. 55–71, ici p. 65–68.
[70] GGM à Colonies (Tananarive, le 8 octobre 1925), CAOM/Affpol 1511. En métropole, les autorités misent sur une »rupture avec le milieu d'origine« due à la force assimilatrice des institutions républicaines et aussi, en particulier, à celle des femmes françaises. Cf. Elisa A. CAMISCIOLI, Reproducing the French Race: Immigration, Reproduction, and National Identity in France, 1900–1939, thèse de doctorat, université de Chicago 2000, en particulier p. 115–149.
[71] Cf. Marc RENNEVILLE, La réception de Lombroso en France (1880–1900), dans: Laurent MUCCHIELLI (dir.), Histoire de la criminologie française, Paris 1994, p. 107–133, ici p. 126; Emmanuelle SAADA, Race and Sociological Reason in the Republic. Inquiries on the Métis in the French Empire (1908–1937), dans: International Sociology 17 (2002), p. 361–391, ici p. 370–373.
[72] Cf. Extrait du registre des délibérations du conseil d'administration (Tananarive, le 17 août 1923), CAOM/GGM 6 (10) 31.

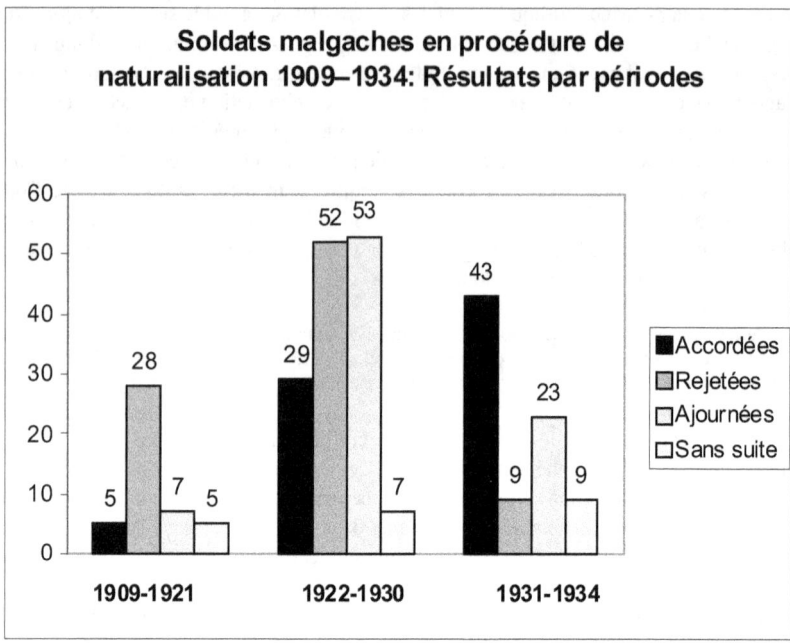

Au début des années 1930 s'ouvre une période relativement libérale en matière de naturalisation, notamment pour les fonctionnaires indigènes subalternes et les métis franco-malgaches. Les soldats malgaches semblent également profiter de cette libéralisation. En réalité, l'augmentation des naturalisations de soldats s'explique surtout par l'aboutissement de longues enquêtes, commencées bien avant, et elle bénéficie essentiellement à des soldats restés et mariés en France, ou dont le service s'achève. Cette tendance libérale ne profite pas davantage aux anciens combattants malgaches. En 1929, le statut des anciens combattants indigènes est précisé par la loi sur les pensions des militaires indigènes. En 1930, la carte du combattant indigène ne peut être obtenue que si l'intéressé a servi dans la »zone des armées« pendant quatre mois d'affilée[73]. Les soldats malgaches, qui étaient généralement employés »à l'arrière«, ne peuvent que très rarement satisfaire cette condition. En décembre 1931, l'administration recense 406 titulaires[74]. À partir de 1933, la détention de cette carte est un prérequis pour pouvoir bénéficier du décret sur l'accession des indigènes anciens combattants à la qualité de citoyen français. Les critères de sélection sont extrêmement durs: non seulement les combattants indigènes doivent être décorés, mais, outre maintes preuves de leur assimilation, la réglementation exige désormais la connaissance de la langue

---

[73] Cf. le décret du 24 août 1930 relatif à l'attribution de la carte du combattant aux anciens combattants des colonies.
[74] Cf. GGM à Colonies a/s du nombre de cartes de combattant établies (Tananarive, le 14 décembre 1931), CAOM/Affpol 803.

française[75]. L'inscription dans le décret impérial de ce dernier critère est tout particulièrement demandée par l'administration malgache, qui redoute que »le fait d'en faire bénéficier un grand nombre d'illettrés noyés dans la masse serait mal interprété«[76]. Selon mes propres décomptes, entre 1933 et 1939, sept anciens combattants indigènes demandent la naturalisation française. trois l'obtiennent, deux demandes sont rejetées, une est ajournée et une reste sans suite[77].

CONCLUSION

L'assimilation se trouve au cœur du projet républicain non seulement en métropole, mais également dans les colonies[78]. Dans un cas comme dans l'autre, pour reprendre Maxim Silverman, le discours assimilateur génère une tension entre l'universalisme et le particularisme, et renvoie à l'existence d'identités originellement différentes: les groupes des plus ou moins assimilables sont opposés à ceux des inassimilables. Dans ce contexte, la notion de race n'est pas pensée au sens biologique des théories racialistes qui émergent à partir du milieu du XIXe siècle, mais comme une culture stable et non dynamique[79]. Les usages du concept de l'assimilation varient toutefois selon les acteurs, l'espace et les populations concernées. Dans les pratiques administratives et militaires, comme nous l'avons vu à l'exemple des soldats malgaches, la race, la civilisation et le genre structurent à tout le moins implicitement les relations de pouvoir: les administrateurs et les militaires partagent une même vision du monde colonial, fondée sur un modèle hiérarchique et évolutionniste de civilisations et de races. Cependant, les usages de ces concepts ne sont pas forcément les mêmes. Sur le plan symbolique, ils peuvent opérer comme des critères d'inclusion dans le corps national (loyalisme, combativité, »races guerrières«, la nation armée, les soldats de la Plus Grande France). Dans les pratiques, ils opèrent surtout comme des critères d'exclusion de la cité (races primitives, races en voie d'évolution, coutumes, »indigénité«). La notion d'assimilation, et en conséquence l'importance relative de la race et de la civilisation, divergent selon que le loyalisme des soldats indigènes est ou non pris en compte et, plus généralement, selon que, pour la sphère coloniale, l'armée est ou non vue comme une école de la nation. Pourtant, dans la rhétorique assimilatrice des militaires, l'armée est loin

[75] Cf. le décret du 19 avril 1933 sur l'accession des indigènes anciens combattants à la qualité de citoyen français.
[76] Cf. GGM à Colonies a/s du vœu des anciens combattants résidant hors de France (Tananarive, 14 mars 1932), CAOM/Affpol 3303.
[77] Selon l'administration, 6 demandes d'anciens combattants indigènes sont reçues entre 1933 et 1936; 2 sont accordées et 4 restent en instance. Cf. GGM, Bureau politique, Renseignements sur les accessions au droit de citoyen français à la date du 10 novembre 1936, CAOM/GGM 6 (10) 7.
[78] Cf. Alice L. CONKLIN, A Mission to Civilize. The Republican Idea of Empire in France and West Africa, 1895–1930, Stanford 1997, p. 5–8.
[79] Cf. Maxim SILVERMAN, Rassismus und Nation. Einwanderung und Krise des Nationalstaats in Frankreich, Hambourg 1994, p. 29–43. (Version originale: Deconstructing the Nation: Immigration, Racism and Citizenship in Modern France, London, New York 1992.)

d'être autant un »ciment de la citoyenneté« (Annie Crépin) qu'en métropole. Pour eux, le soldat indigène est d'abord un sujet français, parfois un frère d'armes, mais pas un citoyen français.

CÉLINE TRAUTMANN-WALLER

Langue, peuple, race, nation
Usages de la notion de race, frontières disciplinaires et enjeux politiques chez les philologues en France et en Allemagne durant la deuxième moitié du XIXe siècle

Faire, en un bref article, la synthèse des débats concernant l'usage du concept de race durant la deuxième moitié du XIXe siècle en France et en Allemagne serait impossible, mais se contenter d'une étude de cas peut paraître insatisfaisant aussi, surtout si l'on veut rendre compte de débats et de dynamiques. Dans l'histoire européenne de la »pensée raciale« je n'ai donc choisi qu'un extrait, qui concerne la France et l'Allemagne des années 1850 à 1890, reconstruisant un débat qui rend compte du brouillage des termes caractérisant alors ce champ. Une des caractéristiques de la notion de »race« est qu'elle empiète à l'époque sur nombre d'autres »territoires« et transgresse des frontières disciplinaires, ce qui explique que les échanges retracés concernent en grande partie la légitimité de son utilisation en philologie, et plus précisément encore en linguistique et en ethnographie.

Les acteurs de ce débat, étalé sur plusieurs décennies, sont connus pour certains, moins connus pour d'autres. Ils ont correspondu, se sont lus, cités et critiqués mutuellement. Il s'agit, dans l'ordre où ils vont apparaître, du linguiste et spécialiste de mythologie comparée Max Müller; du linguiste et spécialiste de psychologie des peuples Heymann Steinthal; du philologue Ernest Renan; du diplomate écrivain Arthur de Gobineau; du linguiste August Pott; du philosophe essayiste Moritz Lazarus; de l'indianiste Albrecht Weber et de l'anthropologue Rudolf Virchow.

La reconstitution de ce débat, nécessairement un peu pointilliste vu le nombre de personnes abordées et la période chronologique traitée, vise à mettre le doigt sur des points qui mériteraient sans doute chacun une étude plus fouillée, mais qui du moins deviennent ainsi visibles: la perception par les contemporains eux-mêmes du brouillage des termes et sa critique; la conscience de l'interdépendance étroite entre les conceptions de race et de nation, entre celles-ci et celle d'humanité; l'interaction entre la vie politique, la construction de ces notions et leur évolution.

DES RACINES LINGUISTIQUES ET DE LEUR LIEN À DES TYPES DE SOCIÉTÉS ET À DES RACES (MÜLLER, STEINTHAL, RENAN) – 1854/1855

Les deux premiers protagonistes sont de jeunes linguistes allemands qui tenteront tous deux par la suite de faire de la linguistique ou de »leur« linguistique le fondement d'une science sociale plus générale (qui mêlerait langues et représentations collectives) mais de façon très différente: l'un sous la forme d'une mythologie comparée, l'autre sous celle d'une psychologie des peuples.

C'est en 1854 que le diplomate prussien Christian C. J. Bunsen fait paraître à Londres le premier volume de ses »Outlines of the Philosophy of Universal History, Applied to Language and Religion«, une œuvre pour laquelle, conscient qu'elle dépassait les capacités d'un seul homme, il a souhaité la participation de plusieurs jeunes linguistes allemands, dont Max Müller, qui a remporté en 1849 le prix Volney[1] avec un essai de philologie comparée sur les langues indo-européennes et leur influence sur les premières civilisations humaines et qui s'est déjà signalé à l'époque par les premiers volumes d'une édition du »Rigveda«. Pour illustrer l'origine des langues, Müller invente dans cet ouvrage, en s'inspirant du »Shahname« du poète persan Ferdowsi, le mythe de Feridun et de ses trois fils. La langue parlée par Feridun était semblable à toutes les langues antediluviennes fondées sur la simple juxtaposition (un principe que l'on retrouverait encore dans la langue chinoise). Feridun eut trois fils: Tur, Silim et Irij, qui se dispersèrent ensuite sur terre emportant avec eux les racines originelles. Deux d'entre eux, Silim et Irij, détenaient un secret: ils savaient comment une racine pouvait être divisée et modifiée de telle manière qu'elle puisse être utilisée comme un sujet ou comme un prédicat. Tur connut peut-être également ce secret, mais soit il l'oublia, soit il n'aimait pas jouer avec les racines, reliques sacrées héritées de la maison de son père[2]. Ce mythe était censé illustrer le fait que toutes les langues descendaient d'une même langue originelle, mais qu'elles avaient ensuite pris des chemins différents. C'est pourquoi on pouvait d'après Müller les diviser en trois classes selon la manière dont elles »jouent« ou ne »jouent« pas avec les racines. La célèbre répartition des langues en trois groupes (langues monosyllabiques, langues agglutinantes et langues flexionnelles), héritée des frères Schlegel et de Franz Bopp, dont Müller fut l'élève, se voit légèrement variée ici et prend de plus une dimension sociologique: le chinois forme la première classe, celle des *family languages* (langues familiales); les langues sémitiques et aryennes (ainsi que l'égyptien) appartiennent au groupe des *state languages* (langues étatiques); toutes les autres langues sont des langues touraniques (Tur), elles sont liées au nomadisme, qui est lui-même une forme d'»agglutination« selon Müller, très différente des institutions, des lois et des contrats des *state languages*, qui montrent l'empreinte d'une volonté individuelle imposée aux traditions précédentes de tribus éparses.

En 1855, un autre jeune linguiste, Heymann Steinthal, qui, sous l'influence de Wilhelm von Humboldt, a déjà écrit une classification des langues et un livre sur l'origine du langage, séjourne à Paris pour y étudier les langues chinoises, après avoir obtenu le prix Volney avec un travail sur les langues africaines. Il fait paraître un livre sur les

---

[1] Voir Joan LEOPOLD, The Prix Volney, Dordrecht, Boston, Londres 1998/1999; voir particulièrement vol. 1: The Prix Volney: its Significance, Dordrecht, Boston, Londres 1998 ainsi que vol. 3: Le Prix Volney III, Contributions to Comparative Indo-European, African and Chinese Linguistics: Max Müller and Steinthal, Dordrecht, Boston, Londres 1999.

[2] Christian C. J. BUNSEN, Outlines of the Philosophy of Universal History, Applied to Language and Religion, vol. 1, Londres 1854, p. 110–142.

rapports entre grammaire, logique et psychologie,»Grammatik, Logik und Psychologie. Ihre Principien und ihr Verhältnis zu einander«, qui, dans l'introduction, comprend un véritable règlement de compte avec la linguistique allemande de l'époque et avec son héritage organiciste. Steinthal cite ici sur plusieurs pages les développements de Max Müller sur les trois familles, Tur, Silim et Irij[3]. Il note que si Bunsen défendait autrefois une tripartition des langues et des peuples en Sem, Ham et Japhet, il a sacrifié ce mythe à celui de Tur, Silim et Irij, donc un mythe sémitique à un mythe aryen. Mythe contre mythe, cela valait-il la peine d'en changer? Steinthal souligne la grande imprécision de ces regroupements, qui ignorent les travaux de linguistes tels que August Pott et Moritz Gotthilf Schwartze, ce dernier ayant montré par exemple que l'égyptien ne pouvait avoir été la langue originelle ni des langues sémitiques ni du sanscrit, comme Bunsen l'affirmait autrefois, ni une simple branche des langues sémitiques, comme il le croit à présent, mais constitue plutôt en lui-même une branche des langues sémitiques à côté des deux autres branches. Steinthal fait dans son introduction une analyse de l'usage abusif de la notion de»racines«, puisqu'on présuppose trop souvent selon lui en linguistique que celles-ci ont réellement existé alors qu'elles sont en réalité de simples constructions. Il critique le comparatisme et les parentés linguistiques qu'on en dérive, enfin tout le projet indo-européen qui caractérise une grande partie de la linguistique de l'époque. Cela lui paraît nécessaire pour fonder une linguistique scientifique qui n'affirmera ni une descendance de toutes les langues à partir d'une seule langue originelle, ni une universalité linguistique *a priori*, mais fondera une grammaire universelle comprenant toutes les langues réellement existantes et rendant justice ainsi au projet linguistique humboldtien et à son idéal d'humanité. Par ce dernier il fallait entendre, comme Steinthal avait cherché à le démontrer, le langage comme naissance de l'humanité même, dans et à travers une multiplicité constitutive et indispensable.

En 1855, Ernest Renan, qui a gagné le prix Volney en 1847 avec son»Essai sur les langues sémitiques«, qui a publié en 1848 son livre»De l'origine du langage« et a soutenu en 1852 sa thèse sur»Averroès et l'averroïsme«, fait paraître la première partie de son»Histoire générale et système comparé des langues sémitiques«, qui seule paraîtra puisque, après l'»histoire«, le»système« ne vit jamais le jour. Le projet même est explicitement rapporté par Renan à Franz Bopp, sachant que son propre travail doit être pour les langues sémitiques ce que le livre de Bopp a été pour les langues indo-européennes, comme il le dit dans la préface[4]. Renan livre une synthèse de tous les travaux de l'époque sur les langues sémitiques et cherche, au-delà, à définir un»caractère général des peuples et des langues sémitiques«. Il sait qu'on le dit trop enclin aux conjectures et que les jugements sur les races doivent toujours être entendus avec beaucoup de restrictions. Les israélites par exemple n'auraient plus rien du caractère

---

[3] Heymann STEINTHAL, Grammatik, Logik und Psychologie. Ihre Principien und ihr Verhältnis zu einander, Berlin 1855, p. IX–XII.

[4] Ernest RENAN, Histoire générale et système comparé des langues sémitiques, dans: Œuvres complètes de Ernest Renan, tome VIII, éd. établie par Henriette PSICHARI, Paris 1958, p. 129–589, ici p. 134.

sémitique, puisqu'ils furent assimilés par une grande force, supérieure aux races, qui s'appelle civilisation. Il se lance néanmoins dans une caractérisation très tranchée des anciens sémites. Certes il leur reconnaît des mérites puisqu'on peut leur attribuer sans exagération selon lui »au moins une moitié de l'œuvre intellectuelle de l'humanité«[5]. Cela parce que, même si la science et la philosophie leur restèrent étrangères, ils sont par excellence le peuple de Dieu et le peuple des religions, destiné à les créer et à les propager. Cherchant à légitimer ses déclarations, Renan ajoute que ce serait pousser outre mesure le panthéisme en histoire que de mettre toutes les races sur un pied d'égalité. Comparée à la race indo-européenne, la race sémitique représente réellement une combinaison inférieure de la nature humaine. Comprenant l'unité mais pas la multiplicité, elle n'a jamais conçu le gouvernement de l'univers que comme une monarchie absolue. Les grandeurs et les aberrations du polythéisme lui sont toujours restées étrangères. D'ailleurs on n'invente pas le monothéisme, et les sémites n'eussent jamais conquis le dogme de l'unité divine s'ils ne l'avaient trouvé dans les instincts les plus impérieux de leur esprit et de leur cœur. Parce que le désert est monothéiste, les sémites n'ont jamais eu de mythologie, il leur manque le sens de la multiplicité dans l'univers, la curiosité. En contrepartie ils sont les porteurs de l'idée de révélation:

> En toute chose, on le voit, la race sémitique nous apparaît comme une race incomplète par sa simplicité même. Elle est, si j'ose le dire, à la famille indo-européenne ce que la grisaille est à la peinture, ce que le plain-chant est à la musique moderne; elle manque de cette variété, de cette largeur, de cette surabondance de vie qui est la condition de la perfectibilité[6].

Cela expliquerait pourquoi finalement les langues sémitiques occupent, en comparaison avec les langues indo-européennes et touraniennes, un espace très limité dans le monde.

Après ces considérations générales, Renan examine successivement la place des familles de langues sémitiques qui se sont imposées les unes après les autres dans la culture du Proche-Orient (période hébraïque, période araméenne, période arabe). Sa conclusion reprend la problématique de départ sous un angle un peu différent. La question n'est plus de savoir si la distinction des langues sémitiques et des langues indo-européennes est une distinction radicale, absolue, impliquant nécessairement une diversité d'origine et de race, mais de déterminer si la différence qui existe entre les langues indo-européennes et les langues sémitiques, différence qui est plus que suffisante pour ériger ces deux groupes en deux familles distinctes, exclut toute idée d'un contact primitif entre les deux races ou bien permet, dans un sens plus large, de les rattacher à une même unité. Renan évoque ici différentes tentatives pour trouver une protolangue commune à toutes les langues (les racines bilitères, le copte comme médiation), mais il faut admettre selon lui que »dans l'état actuel de la science des langues, la bonne méthode commande de tenir pour distinctes la famille sémitique et la famille indo-européenne«. Il évoque à ce propos ce qu'il appelle le »grand dogme de l'unité de l'espèce humaine« dont il dit qu'il est d'ailleurs d'origine sémitique et qu'il

---

[5] Ibid., p. 144.
[6] Ibid., p. 156.

commente de la façon suivante: »Il ne peut entrer dans la pensée de personne de combattre un dogme que les peuples modernes ont embrassé avec tant d'empressement«[7]. Toutes les religions et les philosophies complètes ont selon lui attribué à l'humanité une double origine: terrestre et divine. Pour Renan, la seconde évidemment est unique, la première est un problème de physiologie et d'histoire.

Renan connaissait personnellement Max Müller, il avait lu Steinthal[8], avec lequel il partageait un grand nombre de terrains de recherches, et il reprend dans sa critique de l'idée d'une protolangue commune les objections que ce dernier avait adressées à Max Müller, et notamment le fait que la famille touranienne sert chez ce dernier de fourretout, incluant tout ce qui ne trouve pas sa place dans les deux autres familles. En même temps, tout se passe comme si l'abandon de cette unité, qui chez Bunsen reposait sur un fond religieux, signifiait l'accentuation des différences entre races. Du coup, Renan paraît affirmer une différence radicale et insurmontable entre la race sémitique (un terme qu'il utilise précisément pour souligner qu'il ne parle pas des israélites de son époque) et la race indo-européenne, une différence radicale que Steinthal ne pourra accepter, comme nous le verrons plus loin. Quant à Max Müller, il s'offusquera des critiques faites par Renan, et la brouille qui s'ensuivra occupera toute une partie de la correspondance de Renan dans les années 1855, 1857 et 1858[9], différentes personnes se relayant pour jouer le rôle de médiateur ou étant sollicitées par Renan pour cela, comme par exemple le journaliste conférencier Ferdinand d'Eckstein, qui essaie à l'époque de localiser le site originel de la civilisation, à partir duquel elle aurait rayonné sur tout le globe[10].

DES DANGERS DE L'ARISTOCRATISME EN ETHNOLOGIE (GOBINEAU, POTT, RENAN) – 1855/1856

Toujours en 1855 paraissent les deux derniers tomes de l'»Essai sur l'inégalité des races humaines« d'Arthur de Gobineau dédiés à »sa majesté George V, roi de Hanovre, prince royal d'Angleterre, duc de Cumberland, duc de Brunswick et de Lunebourg, [...]«, et dont Gobineau avait formé le projet au moment des évènements de 1848 alors qu'il était submergé par le dégoût des »blouses sales«[11]. Les deux premiers tomes avaient paru en 1853. Ils étaient consacrés à des »Considérations préliminaires,

---

[7] Ibid., p. 563.
[8] Voir notamment la préface à la deuxième édition de »De l'origine du langage« (1858), dans laquelle Renan livre un résumé de la vision steinthalienne du langage et un portrait mi-figue mi-raisin du linguiste allemand: Ernest RENAN, Préface à la deuxième édition (1858), dans: Œuvres complètes de Ernest Renan, tome VIII (voir n. 4), p. 23.
[9] Voir les lettres du 13, du 17 et du 27 novembre 1855, du 10 juin 1857 et du 30 janvier 1858 à Max Müller, dans: Ernest RENAN, Correspondance 1846–1871, vol. I, Paris 1926, p. 89–100.
[10] Ferdinand d'ECKSTEIN, Der Sitz der Cultur in der Urwelt, dans: Zeitschrift für Völkerpsychologie und Sprachwissenschaft (ZfVS) 1 (1860), p. 261–294.
[11] Lettre de Gobineau à Tocqueville du 29 mars 1856, citée par Michael D. BIDDISS, Prophecy and Pragmatism. Gobineaus Confrontation with Tocqueville, dans: The Historical Journal 13/4 (1970), p. 611–633, ici p. 625.

définitions, recherche et exposition des lois naturelles qui régissent le monde social« (Livre 1), à la »Civilisation antique rayonnant de l'Asie centrale au Sud-Ouest« (Livre 2), à la »Civilisation rayonnant de l'Asie centrale vers le Sud et le Sud-Est« (Livre 3) et aux »Civilisations sémitisées du Sud-Ouest« (Livre 4). Je ne m'attarde pas sur le livre de Gobineau puisque la critique qu'en fait Pott l'année suivante permet de revenir sur les points les plus importants de cet ouvrage.

En 1856, August Pott, un linguiste élève de Bopp se réclamant de Humboldt, comme Steinthal, mais plus proche que ce dernier de l'école de la grammaire comparée[12], et travaillant, à côté des langues indo-européennes, sur les langues bantoues ainsi que sur les langues tziganes[13], fait paraître son livre »Die Ungleichheit menschlicher Rassen (hauptsächlich vom sprachwissenschaftlichen Standpuncte) unter besonderer Berücksichtigung von des Grafen von Gobineau gleichnamigem Werke mit einem Überblicke über die Sprachverhältnisse der Völker. Ein ethnologischer Versuch« (»L'inégalité des races humaines [principalement du point de vue linguistique] en tenant compte tout particulièrement du livre du comte de Gobineau portant le même titre avec un panorama des conditions linguistiques des peuples. Essai ethnologique«).

L'ouvrage porte en exergue une citation extraite de l'»Introduction à l'œuvre sur le kavi« de Humboldt[14], qui pose clairement la discrimination raciale comme contraire au principe d'humanité. Dans l'introduction, Pott explique ensuite que la linguistique, en raison de ses liens avec d'autres domaines d'étude et tout particulièrement l'ethnologie, peut servir à un examen objectif et critique des théories développées par Gobineau. Le principe central de celles-ci est pour Pott que tout mélange des races a pour conséquence la dégénérescence puis la disparition des civilisations concernées. La »chimie des peuples« de Gobineau (selon une expression dont ce dernier se sert luimême) essaie donc d'établir dans chaque peuple le pourcentage exact de sang étranger. Et Pott ajoute:

Certes peu de gens seront aussi reconnaissants que moi à M. le comte pour avoir ainsi suivi à la trace avec ardeur tous les mélanges sanguins qui, de manière indéniable, traversent dans la diversité la plus colorée l'histoire, écrite ou non, et leur influence tout à fait essentielle, jusqu'à présent

---

[12] Voir August POTT, Etymologische Forschungen auf dem Gebiete der Indo-Germanischen Sprachen, Lemgo 1833/1836. Voir également Joan LEOPOLD, The Letter Liveth: The Life, Work and Library of A. F. Pott (1802–1887), Amsterdam, Philadelphia 1983.

[13] Voir August POTT, Die Zigeuner in Europa und Asien, ethnographisch-linguistische Untersuchung, vornehmlich ihrer Herkunft und Sprache, nach gedruckten und ungedruckten Quellen, Halle 1844/1845. August Pott remporta le prix Volney en 1845 avec ce travail sur les langues tziganes.

[14] »S'il existe une idée qui s'impose à travers toute l'histoire de manière de plus en plus nette, s'il en est une qui prouve le perfectionnement de toute l'espèce, souvent contestée mais encore plus souvent mal comprise, alors c'est celle d'humanité (*Menschlichkeit*), l'effort pour supprimer les frontières que les préjugés et les points de vue étroits en tout genre introduisent avec hostilité entre les hommes et l'effort pour traiter toute l'humanité, sans tenir compte de la religion, de la nation et de la couleur, comme une seule grande souche fraternisée étroitement, un Tout existant pour atteindre une fin unique: le libre développement de la force (*Kraft*) qui est en lui«, voir Wilhelm VON HUMBOLDT, Über die Kawi-Sprache auf der Insel Java, Berlin 1836/1839, ici vol. 2, p. 426.

beaucoup trop peu prise en compte, sur les destinées de peuples isolées autant que sur la marche générale des affaires de ce monde. Mais une telle *physis*: quel objet immensément difficile, puisque si l'on veut se mettre à l'ouvrage de manière rigoureusement méthodique, et non pas simplement lâcher la bride aveuglément aux folles suppositions, on ne pourra y parvenir, et la plupart du temps à grand-peine seulement, qu'en recherchant et en démêlant l'histoire, la linguistique et la physiologie (je ne connais pas d'autres sources) chacune séparément ou bien, là où cette heureuse mais très rare union s'avère possible, en commun[15].

Mais selon Pott le travail de Gobineau, précisément, n'est pas scientifique, et parmi les théories sur les mélanges raciaux qu'il évoque, trop sont construites de manière fantaisiste ou affirmées sans vérification pour prouver la thèse centrale qui se révèle un pur préjugé. Indépendamment de cela, il semble à Pott que l'homme, en tant qu'individu ou en tant qu'il se rassemble en plus grandes unités, est quelque chose de plus élevé et, parce qu'il est doué de raison, est un être moral, personnel et donc plus libre aussi que la matière sans volonté que sont les acides et les bases du chimiste. Il y a trop de cases vides dans l'histoire, trop de variations, linguistiques tout autant que constitutionnelles et physiologiques, pour qu'on puisse tout ramener à une loi déterministe absolue. Pott prend l'exemple des enfants dont les capacités et les traits de caractère ne sauraient se déduire totalement de ceux des parents et il ajoute, pointant du doigt le préjugé aristocratique de Gobineau: un don exceptionnel n'est pas lié à l'origine sociale (*Stand*) ou à une naissance aristocratique. Comme un enfant peut tomber loin de l'arbre, un peuple peut prendre des chemins inattendus, suite à l'influence d'un homme ou de circonstances particulières. D'autre part un grand nombre de mouvements politiques dans les États trouvent leur origine dans des frictions entre des groupes sociaux (*Stände*) de même origine et non dans des mélanges sanguins, même s'il existe aussi des cas où des différences sociales se recoupent avec des différences ethniques. Il lui semble que, si l'on suit Gobineau, il n'existe plus aucune responsabilité des peuples, puisque ceux-ci sont soumis à un déterminisme sanguin: leur seul crime est de n'avoir pas su résister au mélange racial, d'avoir entaché pour ainsi dire leurs lettres de noblesse.

Selon Pott, il faut dès lors se demander si une puissance totale si terrible, qui »déshumanise« et »dédivinise« l'histoire, règne vraiment dans cette dernière de manière tyrannique ou si la croyance en une telle puissance n'est pas plutôt un point de vue »peu réjouissant« reposant sur un fondement et des présuppositions qui se laissent contredire et démolir. Pott en voit au moins cinq. Tout d'abord il existe pour Gobineau trois races, tout simplement parce que cela lui permet de supposer des mélanges là où d'autres ne voient encore que des races à part entière. Un deuxième axiome non vérifié est celui de la supériorité absolue de la race blanche sur les races jaunes et noires. Du coup, là où ces dernières accomplissent de grandes choses, Gobineau cherche à tout prix à démontrer qu'il y a eu mélange sanguin, la performance s'expliquant donc par la part de sang blanc. Sa pensée profondément non-scientifique forme selon Pott un cercle vicieux, comme le montre son traitement des indigènes d'Amérique. Des États

---

15 August POTT, Die Ungleichheit menschlicher Rassen hauptsächlich vom sprachwissenschaftlichen Standtpunkte, unter besonderer Berücksichtigung von des Grafen von Gobineau gleichnamigem Werke: mit einem Überblicke über die Sprachverhältnisse der Völker, ein ethnologischer Versuch, Lemgo, Detmold 1856, p. V–VI.

civilisés comme le Pérou et le Mexique ne peuvent qu'importuner Gobineau. Il invente donc d'hypothétiques influences blanches remontant à des invasions très anciennes pour expliquer le degré de civilisation atteint par ces États. Les démonstrations linguistiques utilisées ici par Gobineau sont erronées selon Pott. D'autre part le principe voulant que les différences linguistiques se superposent strictement aux différences raciales[16] est contredit par les recherches linguistiques: il peut y avoir des langues différentes pour une même race et des races différentes pour une même langue. Pott se demande ensuite au nom de quoi Gobineau peut faire de la couleur de la peau le principal critère racial alors que les anthropologues ont multiplié ces critères et comment il peut discerner des appartenances raciales et des mélanges raciaux »au premier coup d'œil«, comme il le rapporte à plusieurs reprises?

De manière plus générale, Pott conteste la possibilité de rapporter des observations psychologiques à des questions de race. Il prend pour exemple l'affirmation de Gobineau selon laquelle au Pérou et au Mexique les massacres commis au nom de la religion »résultaient naturellement du double courant noir et jaune qui avait formé [?] la race«[17]. Il paraît à Pott que dans ce cas il faudrait se demander si les autodafés en Espagne étaient dus au mélange de sang ibérique (jaune?) et noir (maure?). Les conclusions politiques de Gobineau lui paraissent étonnantes, et c'est avec une certaine ironie qu'il évoque l'idée de Gobineau selon laquelle les sauvages d'Amérique sont des »républicains extrêmes«.

Le dernier point de cette critique en règle examine les allégations de Gobineau concernant la population originelle de l'Europe, identifiée par lui comme la race jaune dans sa branche finlandaise. Ceci amène Pott à critiquer les »affabulations sur des parentés entre racines«[18] et à rappeler combien les comparaisons linguistiques et les conclusions qu'on en tire concernant les parentés entre les peuples sont imparfaites quand on ne fait que comparer des mots, ou ce qu'on appelle souvent improprement des racines, sans compléter cette comparaison par une analyse grammaticale permettant de dégager le type général des langues en question. Mais même si toute la question de la parenté entre langues était réglée, rien ne nous autoriserait encore à supposer une égalité d'origine et de famille (*Stamm*) entre langues et peuples. Parmi les exemples de constructions abusives de familles de langues rapportés par Pott, nous retrouvons ici celle de Max Müller, dont Pott rappelle qu'il compte le basque non pas parmi le groupe des langues caucasiennes, comme Julius Klaproth le faisait selon une définition qui avait au moins le mérite d'être géographique, mais parmi les langues touraniennes, un groupe fantaisiste exagérément élargi par Müller, selon Pott.

Après cette vigoureuse introduction, Pott va dérouler une analyse serrée de l'ouvrage de Gobineau, qu'il commence par réinscrire dans le contexte de la science sociale (*Socialwissenschaft*) de son époque. Herder n'accordait pas assez d'importance

---

[16] Voir le chapitre XV du tome 1, livre premier de l'essai de Gobineau, »Les langues inégales entre elles sont dans un rapport parfait avec le mérite relatif des races«, dans: Arthur de GOBINEAU, Essai sur l'inégalité des races humaines, tome 1, Paris ²1884, p. 187–214.
[17] POTT, Die Ungleichheit menschlicher Rassen (voir n. 15), p. XVIII.
[18] Ibid., p. XX.

aux différences de race, selon Pott, Gobineau lui en accorde trop, puisque chez lui toute l'histoire est dominée par un principe ethnique. Tous deux ont tort selon Pott, qui considère qu'aussi bien la différence des races que les conditions climatiques et géographiques ont un poids certain dans l'évolution des peuples.

Pott s'attarde aussi sur le lien entre les convictions religieuses et politiques de Gobineau et ses jugements historiques, c'est-à-dire sa négation de tout progrès, son romantisme des croisades, sa préférence pour l'Inde et la Chine, simplement en raison de la longévité de leurs institutions, indépendamment des qualités intrinsèques de celles-ci. Il reprend la question du mélange racial en soulignant qu'il existe des auteurs qui, loin d'y voir une cause de dégénérescence, le considèrent comme un gain pour l'humanité, puisqu'il permet une variabilité infinie des individus. La supériorité des Blancs ne lui paraît guère prouvée par le niveau de culture plus élevé qu'ils ont effectivement atteint selon lui. Quant aux Noirs, ils sont beaucoup moins uniformes qu'il n'y paraît, et leurs langues sont beaucoup moins imparfaites qu'on ne l'a dit et cru. Pott tient à la perfectibilité de toute l'espèce humaine et considère que la »capacité de développement« (*Bildungsfähigkeit*) doit être étudiée à partir des langues et non à partir de caractéristiques anatomiques. Les destinées des peuples sont formées à partir du jeu entre dispositions et circonstances extérieures, inné et acquis. Mais l'ethnologie n'en est qu'à un état naissant, et Gobineau en profite pour avancer des choses allant à l'encontre de la raison. Pour le contrer, il importe selon Pott de définir clairement les rapports entre linguistique, histoire et ethnologie et l'aide mutuelle qu'elles peuvent s'apporter. Ainsi, il pense que la linguistique permet effectivement de reconstituer des migrations. Quant à l'ethnologie, elle lui paraît fondée sur un principe profondément opposé à tout le travail de Gobineau: l'idée que la diversité est réjouissante.

Dans un chapitre spécifique, Pott s'intéresse à ce qu'il appelle la dimension politique des langues. Il y évoque les tentatives pour éradiquer des langues maternelles, pour faire de certaines langues un levier politique, comme dans le cas du panslavisme. Il commente la manière dont on établit désormais des cartes et des statistiques linguistiques, en soulignant la difficulté qu'il y a à séparer nettement dialectes et langues. Évoquant la classification des langues de Steinthal, fondée selon lui sur un principe physiologique, il estime pour sa part que la perspective généalogique est plus intéressante pour l'ethnologie. Dans sa conclusion il commente le souhait humain, légitime selon lui, que l'espèce humaine ait une seule origine. Il prétend que le sentiment d'humanité et la raison nous poussent à chercher une unité de l'espèce humaine, et les hommes aimeraient trouver la preuve irréfutable de cette unité (*Wesenseinheit*) dans l'existence d'un couple originel unique, fondant au vrai sens du mot une seule grande famille. Ils pensent ainsi empêcher qu'une mauvaise volonté ne sépare l'humanité en espèces de rang différent et non seulement embellisse, mais justifie même par là des injustices innombrables, comme l'esclavage. Mais on ne peut exiger de la science qu'elle renonce à la vérité, et Pott explique qu'il est obligé d'accepter lui aussi que, contrairement à ce qu'ont cherché à montrer Carl Josias Bunsen et Max Müller, il n'existe pour l'instant aucun élément attestant une origine unique de l'humanité. Mais si la science doit abandonner l'idée d'une descendance unique de l'humanité, il faut chercher selon lui d'autres soutiens pour cette unité. L'»unité numérique« peut d'ailleurs sembler tout à fait accessoire, et on ne pourrait en réalité en déduire l'unité spirituelle de l'humanité, infiniment plus élevée que l'unité »organique« et qui seule importe. L'humanité est donc bien une grande famille, caractérisée certes par des inégalités de manière très diversifiée, corporellement et intellectuellement, mais sans jamais quitter les limites de l'espèce et sans qu'il y ait besoin de craindre qu'un homme ne puisse par exemple être plus proche de l'animal qu'un autre. L'humanité est distincte des animaux par l'esprit et par le cœur, qu'importe finalement le sang. Il paraît donc à Pott que l'État universel est un rêve, tout comme la langue universelle, mais que l'humanité se rapprochera toujours plus de cet idéal du véritable État divin, où les hommes seront tous frères, non pas seulement dans leurs paroles, mais aussi dans leurs convictions et leurs actes. Pott cite pour finir le troisième volume de la »Naturgeschichte des Volks als Grundlage einer deutschen Socialpolitik« de Wilhelm Heinrich Riehl, qui faisait de la famille le fondement de toute évolution sociale et le noyau originel (*Keimzelle*) de la société. Pott inscrit ainsi, de manière assez étonnante, son humanisme et son engagement démocratique dans le sillage d'un des grands découvreurs du terroir allemand, défenseur d'une politique sociale teintée de conservatisme antimoderniste et de paternalisme.

La même année, donc toujours en 1856, Ernest Renan écrit à Gobineau pour le remercier de lui avoir envoyé les deux derniers tomes de son livre sur l'inégalité des races humaines. Selon lui, le livre est bien peu fait pour être compris en France puisque »l'esprit français se prête peu aux considérations ethnographiques: la France croit très peu à la race, précisément parce que le fait de la race s'est presque effacé dans son sein«[19]. Il demande à Gobineau s'il a lu le livre de Pott: »L'ouvrage de Pott vous est sans doute déjà parvenu; je n'ai pu encore que le parcourir; mais il me semble que, malgré les dissentiments qui y sont exprimés, vous devez vous en tenir pour fort honoré. Je ne puis vous dire que je sois, moi aussi, de votre avis sur tous les points«[20]. Tout se passe en réalité comme si Renan avait lu d'assez près le livre de Pott et s'était laissé convaincre par sa démonstration. C'est surtout l'idée d'une décadence due au mélange racial qu'il conteste:

En mettant à part les races tout à fait inférieures dont l'immixtion aux grandes races ne ferait qu'empoisonner l'espèce humaine, je conçois pour l'avenir une humanité homogène, où tous les ruisseaux originaires se fondront en un grand fleuve, et où tout souvenir des provenances diverses sera perdu. La civilisation qui correspondra à un tel état de l'humanité sera inférieure sans doute en noblesse et en distinction à celle des âges aristocratiques; mais sera-t-elle inférieure d'une manière absolue? c'est sur quoi j'hésite à me prononcer[21].

---

[19] Ernest RENAN, Qu'est-ce qu'une nation? Et autres écrits politiques, textes choisis et présentés par Joël Roman, Paris 1992, p. 221.
[20] Ibid., p. 222.
[21] Ibid., p. 223.

LES ENJEUX RACIAUX DU DÉBAT SUR LES ORIGINES DU MONOTHÉISME (RENAN, STEINTHAL) – 1859

En 1859, Renan, conscient des critiques suscitées par sa présentation des peuples sémitiques en 1856, publie en réponse dans le »Journal asiatique« ses »Nouvelles considérations sur le caractère général des peuples sémitiques et en particulier sur leur tendance au monothéisme«. Irrité par les critiques et par cette sorte de veto qu'on lui a imposé, il estime que, même si l'histoire soumet les peuples à des influences différentes et introduit parfois des changements, »les races sont des cadres permanents, des types de la vie humaine, qui une fois fondés ne meurent plus, mais sont souvent remplis par des individus qui n'ont presque aucun lien de parenté physique avec les fondateurs«[22].

La même année, Steinthal publie dans le premier numéro de la revue »Zeitschrift für Völkerpsychologie und Sprachwissenschaft«, fondée à Berlin par lui et Moritz Lazarus, un article intitulé »Zur Charakteristik der semitischen Völker« (»De la caractérisation des peuples sémitiques«), qui est une réponse directe à l'article de Renan. La critique violente des développements que ce dernier a donnés à sa caractérologie des sémites sert à préciser de manière assez théâtrale ce que la psychologie des peuples ne saurait être. Avec la notion d'»instinct«, Renan a construit selon Steinthal un mur qui masque la réalité humaine, brise l'élan de la recherche et conduit au dogmatisme. C'est pourquoi

cette revue devra livrer un combat pour la vie ou la mort contre la conception renanienne de l'instinct [...]: Quelle conception de l'homme! L'abeille, le castor, l'araignée construisent et tissent selon certaines formes par instinct. Et les peuples sémitiques, les peuples sanscrits construiraient également leur langue, leur religion, leurs pensées morales et politiques de cette façon, d'après un type fixe, immortel et immuable donné une fois pour toutes dans leurs instincts[23].

Point par point, Steinthal va essayer dans les années qui suivent de démonter le raisonnement de Renan, et notamment l'idée d'un instinct sémitique antimythologique lié au désert, ce qui l'amènera également à de nouvelles confrontations avec Max Müller concernant l'origine des mythologies. Avec les linguistes et spécialistes des mythologies d'inspiration grimmienne, comme Adelbert Kuhn et Theodor Aufrecht, Müller défend l'idée d'un principe solaire qui serait l'origine des mythologies et des religions. Il y aurait eu ainsi un monothéisme primitif qui aurait dégénéré ensuite en polythéisme chez certains peuples. Sa conception d'une origine commune des religions correspond ainsi très strictement à celle d'une langue commune originelle abordée plus haut. Contestant aussi bien cette idée que celle du »désert monothéiste« de Renan, Steinthal veut montrer au contraire que Moïse et les prophètes ont bien »créé le monothéïsme«

---

[22] Ernest RENAN, Nouvelles considérations sur le caractère général des peuples sémitiques et en particulier sur leur tendance au monothéisme, dans: Journal asiatique XIII (février/mars 1859), p. 214–282 et ibid. (avril/mai 1859), p. 417–450, ici p. 448.
[23] Heymann STEINTHAL, Zur Charakteristik der semitischen Völker, dans: ZfVS 1 (1860), p. 328–345, ici p. 330.

(il reprend ici, en les inversant, les termes de Renan) et se sont appuyés pour cela sur une mythologie sémitique préexistante[24]. Dans des articles ultérieurs il refuse une différence radicale entre celle-ci (qui serait lunaire) et les mythologies indoeuropéennes (qui seraient solaires) et reprend à Ignac Goldziher l'idée que la transmutation de la mythologie sémitique en religion monothéiste a permis en même temps la construction de la nation hébraïque, les figures mythologiques devenant dans l'Ancien Testament des héros nationaux[25].

LA GUERRE FRANCO-PRUSSIENNE DE 1870/1871 ET LA QUERELLE DE L'ANTISÉMITISME DE 1879 OU COMMENT LA NATION L'EMPORTA SUR LA RACE (RENAN, LAZARUS) – 1870–1882

En 1870–1871, la guerre franco-prussienne donne lieu chez les anthropologues à toute une série d'interprétations raciales sur lesquelles je n'insisterai pas ici[26]. Cette guerre, ainsi que la Commune, vont également relancer autour de Renan le débat sur la définition de la nation. Enclin jusqu'à présent à compter la langue parmi les critères de la nationalité, Renan considère désormais, à un moment où l'Alsace-Lorraine paraît perdue pour la France, que nul n'a le droit d'annexer un territoire et une population contre le gré de cette dernière sous un prétexte linguistique.

En 1870, après un premier échange de lettres ouvertes dans la presse, il écrit à l'auteur de la »Vie de Jésus«, l'Allemand David Friedrich Strauss:

Notre politique, c'est la politique du droit des nations; la vôtre, c'est la politique des races: nous croyons que la nôtre vaut mieux. La division trop accusée de l'humanité en races, outre qu'elle repose sur une erreur scientifique, très peu de pays possédant une race vraiment pure, ne peut mener qu'à des guerres d'extermination, à des guerres ›zoologiques‹, permettez-moi de le dire, analogues à celles que les diverses espèces de rongeurs ou de carnassiers se livrent pour la vie. Ce serait la fin de ce mélange fécond, composé d'éléments nombreux et tous nécessaires, qui s'appelle l'humanité[27].

Si Renan philologue est l'un de ceux qui ont le plus fait pour accréditer l'idée de tempéraments nationaux qui prennent leur origine dans des races puis se sédimentent dans des langues, il paraît défendre désormais l'idée que les nations n'ont aucun fondement naturel, ni racial, ni linguistique.

---

[24] Ibid., p. 342–344.
[25] Voir Heymann STEINTHAL, Über Mythenschichtung. Mit Rücksicht auf: Ignac Goldziher, Der Mythos bei den Hebräern und seine geschichtliche Entwicklung, dans: ZfVS 9 (1877), p. 296. L'ouvrage d'Ignac Goldziher auquel Steinthal se réfère est »Der Mythos bei den Hebräern und seine geschichtliche Entwicklung« (Leipzig 1876).
[26] Voir notamment Helga JEANBLANC, Rudolf Virchow et la »race prussienne«: anthropologie et idéologie, dans: Céline TRAUTMANN-WALLER (dir.), Quand Berlin pensait les peuples. Anthropologie, ethnologie et psychologie, Paris 2004, p. 77–92.
[27] RENAN, Qu'est-ce qu'une nation? (voir n. 19), p. 157.

Dans son discours »Was heißt national?«[28], tenu le 2 décembre 1879 à Berlin devant l'assemblée générale de la Hochschule für die Wissenschaft des Judentums, Moritz Lazarus défend, en réponse à l'historien allemand Heinrich Treitschke[29], une conception de la nation qui exclut elle aussi les séparations entre races. Il renvoie aux travaux du statisticien Richard Boeckh, qui avait lancé dans un ouvrage de 1869, présentant quantitativement les populations de langue allemande en Europe, la »statistique des nationalités« (*Nationalitätenstatistik*)[30]. Ces recherches orientées vers une légitimation de l'expansion allemande contribuèrent à la détermination des frontières de l'Alsace-Lorraine après l'annexion de 1871. Lazarus s'appuie sur Boeckh pour faire de la langue la véritable caractéristique (*eigentliches Kennzeichen*) de la nation, l'origine ne jouant qu'un rôle subordonné. Concevant la nation de manière volontariste, il refuse toute interprétation biologique, insistant sur le fait que »le sang [lui] importe très peu« (*blutwenig,* comme il le dit avec un jeu de mots en allemand)[31]. Il est à noter qu'il paraît s'écarter ici de l'idée de la nécessité d'un esprit national homogène, proclamée auparavant sous différentes formes par lui même, et en vient à dire que »la vraie culture […] consiste dans la diversité (*Mannigfaltigkeit*)«[32]. Il sera soutenu peu de temps après, en 1881, par l'indianiste berlinois Albrecht Weber. Protestant contre la pétition des antisémites signée par la moitié des étudiants de l'université de Berlin, celui-ci défend, dans un discours publié dans le journal »Allgemeine Zeitung«, l'idée que les Juifs, comme tous les autres Allemands qui ne sont pas d'origine germanique d'ailleurs, appartiennent à la nation allemande. Il souligne combien ils sont des porteurs et des missionnaires de la langue et de la culture allemande dans les pays slaves et combien ce qu'on appelle l'»esprit berlinois« ne peut être pensé sans l'influence des Juifs ou encore des Français de la colonie, c'est-à-dire des huguenots arrivés en Prusse après la révocation de l'Édit de Nantes. Il n'existe selon lui aucune nation descendant d'une seule origine, et les Allemands eux-mêmes constituent dans certains pays des ingrédients importants des nations correspondantes[33].

---

[28] Moritz LAZARUS, Was heißt national? Ein Vortrag, gehalten am 2. Dezember 1879, Berlin 1880; publié dans: ID., Treu und Frei. Gesammelte Reden und Vorträge über Juden und Judentum, Leipzig 1887, p. 53–113.

[29] Heinrich von TREITSCHKE, Unsere Aussichten, dans: Preußische Jahrbücher 44 (1879), p. 559–576. Dans ce pamphlet aux tonalités nettement agressives, Treitschke reproche aux Juifs leur manque de »conviction nationale« (*nationale Gesinnung*). Il voit dans l'antisémitisme montant un réveil de la conscience populaire qui proteste, enfin, contre la présence massive des Juifs dans la presse et au Parlement. Diffamant les »Juifs de l'Est« (*Ostjuden*), il exigeait des Juifs qu'ils »deviennent des Allemands, se sentent tout simplement comme Allemands« (ibid., p. 573).

[30] Richard BOECKH, Der Deutschen Volkszahl und Sprachgebiet in den europäischen Staaten, Berlin 1869.

[31] LAZARUS, Was heißt national? (voir n. 28), p. 59.

[32] Ibid., p. 93. Voir les commentaires d'Ingrid BELKE, Moritz Lazarus und Heymann Steinthal. Die Begründer der Völkerpsychologie in ihren Briefen, vol. I, Tübingen 1971, p. LXVII et de Ulrich SIEG, Bekenntnis zu nationalen und universalen Werten. Jüdische Philosophen im deutschen Kaiserreich, dans: Historische Zeitschrift 263 (1996), p. 609–639.

[33] Voir BELKE, Moritz Lazarus und Heymann Steinthal (voir n. 32), vol. II/2, p. 515.

En 1882, Renan prononce à la Sorbonne une conférence célèbre intitulée »Qu'est-ce qu'une nation?«. Lazarus, qui lui avait envoyé un exemplaire de son propre discours, estime dans ses »Mémoires« que Renan s'est largement inspiré de celui-ci, prononcé dès 1879[34]. Renan introduit son opération de clarification des termes avec le constat suivant: »De nos jours on commet une erreur plus grave: on confond la race avec la nation, et l'on attribue à des groupes ethnographiques ou plutôt linguistiques une souveraineté analogue à celle des peuples réellement existants«[35]. Les nations sont selon Renan quelque chose de relativement récent dans l'histoire. Au sein de ces dernières, les différents États européens se démarquent par la fusion des populations qui les composent, contrairement à la Turquie, par exemple, où différentes populations d'origines diverses sont encore distinctes et reconnaissables. Cependant, c'est parce que cette fusion se fait toujours brutalement que l'oubli est essentiel à la création d'une nation: »Or l'essence d'une nation est que tous les individus aient beaucoup de choses en commun, et aussi que tous aient oublié bien des choses«[36]. C'est la gloire de la France d'avoir, par la Révolution française, proclamé qu'une nation existe par elle-même. S'il faut donc désormais admettre qu'une nation puisse exister sans principe dynastique, la question demeure sur quel critère on peut et doit fonder le droit national. Il importe de distinguer ici entre principe national et principe racial, et l'on commet une erreur selon Renan quand au principe des nations on substitue celui de l'ethnographie. L'Empire romain, ce grand agglomérat, et le christianisme ont porté tous deux à l'idée de race le coup le plus grave: avec eux la raison ethnographique est écartée du gouvernement des choses humaines pour des siècles. Les royaumes d'ailleurs n'obéissent pas du tout à ce principe, et c'est pourquoi »la considération ethnographique n'a donc été pour rien dans la constitution des nations modernes«[37]. La vérité est selon Renan qu'il n'y a pas de race pure et que faire reposer la politique sur l'analyse ethnographique c'est la faire porter sur une chimère. Les plus nobles pays sont ceux où le sang est le plus mêlé.

Les discussions sur les races sont interminables selon Renan parce que le mot »race« est pris par les »historiens philologues« et par les »anthropologistes physiologistes« dans deux sens tout à fait différents. Pour les anthropologistes, la race a le même sens qu'en zoologie, elle indique une parenté par le sang. Or, l'étude des langues et de l'histoire ne conduit pas aux mêmes divisions que la physiologie. Les mots »brachycéphales«, »dolichocéphales« n'ont pas de place en histoire ni en philologie. Les origines zoologiques de l'humanité sont énormément antérieures aux origines de la culture, de la civilisation, du langage. Les groupes aryen primitif, sémitique primitif, touranien primitif n'avaient aucune unité physiologique. C'est pourquoi Renan en appelle à une ethnographie totalement libre, sans application politique. Accusant plus ou moins directement les Allemands de mener au contraire une dangereuse politique ethnogra-

---

[34] Nahida LAZARUS, Alfred LEICHT (éd.), Moritz Lazarus' Lebenserinnerungen, Berlin 1906, p. 257.
[35] RENAN, Qu'est-ce qu'une nation (voir n. 19), p. 37.
[36] Ibid., p. 42.
[37] Ibid., p. 43.

phique, il considère qu'on n'a pas le droit d'aller de par le monde tâter le crâne des gens, puis de les prendre à la gorge en leur disant: »Tu es notre sang; tu nous appartiens«.

Même la langue ne lui paraît pas pouvoir être retenue comme critère, puisqu'il y a quelque chose de supérieur à la langue, qui est la volonté, tandis que par ailleurs la similitude de langue ne signifie pas la similitude de race, même aux origines de l'humanité. Idem pour la religion, la communauté des intérêts, la géographie. Par opposition la nation sera donc un principe spirituel: »Par leurs facultés diverses, souvent opposées, les nations servent à l'œuvre commune de la civilisation; toutes apportent une note à ce grand concert de l'humanité qui, en somme, est la plus haute réalité idéale que nous atteignions«[38].

UNE »GRAMMAIRE BRACHYCÉPHALE« ET DES NATIONS »QUI VEULENT ÊTRE DES RACES« (MÜLLER, VIRCHOW) 1888, 1896

Dans son livre »Biographies of Words and the Home of the Aryas«, traitant de l'origine et des migrations des mots en rapport avec l'origine des peuples aryens, Max Müller revient en 1888 sur l'»archéologie linguistique«, qui a été au cœur de son œuvre autant linguistique que mythologique. Il y explique comment chaque mot, si on l'examine attentivement, se révèle être un »poème pétrifié« résultant d'une action ou d'une pensée. Malgré cela, conscient des objections de plus en plus nombreuses faites à ses travaux, il se montre plus prudent qu'auparavant et considère qu'on ne peut définir la région exacte où les Aryens vécurent, le langage exact qu'ils parlèrent ou la date exacte à laquelle ils se dispersèrent. Il ajoute qu'il n'a jamais considéré que les racines linguistiques aient eu une existence réelle, superposable avec l'existence de peuples. Citant Renan presque mot pour mot, il écrit: »Pour moi, un ethnologue qui parle de race aryenne, de sang aryen, d'yeux et de cheveux aryens est aussi grand pêcheur qu'un linguiste parlant de dictionnaire dolichocéphale ou de grammaire brachycéphale«[39].

En 1896 paraît à Berlin un volume de »Mélanges« dédié à l'ethnologue Adolf Bastian[40], pour lequel ont collaboré anthropologues et ethnologues berlinois. Ce volume offre un instantané de la manière dont pouvaient s'associer études linguistiques, craniologie, ethnologie, antidarwinisme, néohumboldtisme et même lutte contre l'antisémitisme. Pour ces »Mélanges« Rudolf Virchow rédigea un article consacré à la formation des races et à l'hérédité (*Rassenbildung und Erblichkeit*). Le grand spécialiste de l'anthropologie physique y déplore le fait que le concept de race soit peu sûr, surtout depuis que la politique a soulevé la question des nationalités et que chaque petite nationalité,

---

[38] Ibid., p. 55.
[39] Max MÜLLER, Biographies of Words and The Home of the Aryas, Londres 1888, p. 120.
[40] Thomas ACHELIS (dir.), Festschrift für Adolf Bastian zu seinem 70. Geburtstage am 26. Juni 1896, gewidmet von seinen Freunden und Verehrern, Berlin 1896.

si minuscule soit-elle, veut »être une race«. Et pourtant chacun sait qu'il n'existe aucune »race nationale« qui n'ait pris sa forme moderne sans apports extérieurs, y compris la race nationale juive. Steinthal pour sa part présentait, avec des tonalités proches de celles de Virchow, une analyse des rapports entre dialecte, langue, peuple, État et race, qui insistait nettement sur les retentissements politiques des développements linguistiques et anthropologiques sur les peuples indo-européens et la race sémitique[41].

L'un des autres contributeurs de ce volume était Franz Boas, qui avait travaillé un temps au Musée ethnologique de Berlin et s'était installé aux États-Unis en 1887 pour fuir un pays marqué par l'antisémitisme. Les débats précédemment retracés connaîtront un important écho dans ses propres recherches.

Cette étude de cas révèle, en arrière-plan, la conjonction d'un projet scientifique encyclopédique, marqué par l'élargissement aussi bien temporel que géographique de ce qui parmi les formes de vie humaines sur le globe était observable, saisissable, avec une certaine naturalisation de l'homme correspondant au recul du religieux et à l'ambition d'une inscription de l'homme dans la science de la nature. Dans ce contexte naît le projet d'une science de l'homme synthétique qui serait à la fois une histoire universelle (de la totalité de l'humanité) et une étude de l'homme (total) dans toutes ses dimensions (linguistique, culturelle, biologique).

En même temps cette époque est marquée au niveau politique par la question de la légitimité des nations modernes, qui s'accompagne, en parallèle, de la question du fondement de l'idée d'unité de l'humanité et de la manière dont elle peut être définie indépendamment d'un principe religieux. Pour schématiser, on pourrait dire, comme Renan, qu'avant il y avait le principe dynastique et qu'ensuite différents principes entrèrent en concurrence pour le remplacer. La légitimité raciale apparaît aussi d'une certaine manière comme une poursuite du principe dynastique, chez Gobineau par exemple, en ce sens que ce principe avait une dimension biologique, héréditaire, ce qui explique d'ailleurs que l'on retrouve le terme même de »race« dans les deux contextes. La légitimité linguistique était affirmée en force, comme nous l'avons vu, par Richard Boeck et par Moritz Lazarus, ce dernier y trouvant d'ailleurs, en tant que Juif allemand, un fondement pour sa propre intégration à la nation allemande. La légitimité historique accompagnait souvent cette dernière dans les argumentations, tandis que la légitimité purement géographique (dans l'idée des frontières naturelles) obéissait à une logique légèrement différente. Enfin, il y avait la légitimité politique, au sens où la Révolution française par exemple aurait été l'expression d'une volonté collective constitutive d'un peuple. Pour résumer, on pourrait dire qu'il y avait deux grandes stratégies: celle de l'origine et celle de l'histoire (au sens où on entendrait celle-ci comme expression de la volonté et de la liberté humaine). Les débats retracés ici mettent en évidence combien les deux se mêlent en réalité dans la plupart des cas et combien sont rares ceux qui se réfèrent à une seule d'entre elles (exception faite de Gobineau). Ce qu'on y observe aussi, c'est, malgré les déclarations des uns et des autres concernant les spécificités allemandes ou françaises, un enchevêtrement des supposées

---

[41] Heymann STEINTHAL, Dialekt, Sprache, Volk, Staat, Rasse, dans: ACHELIS, Festschrift für Adolf Bastian (voir n. 40), p. 47–52.

tendances nationales. Je serais tentée, enfin, de lire tout ce petit ›drame‹ comme la victoire progressive de Pott sur Renan, une des clés secrètes de l'échange résidant aussi dans l'opposition entre le républicanisme attribué par Gobineau aux Indiens, qui faisait sourire Pott, et cet aristocratisme auquel Renan renonce progressivement avant de se rallier définitivement à la volonté collective et au démocratisme après la Commune. Lorsque Virchow déplore en 1896 le fait que les nations veuillent être des races, on pourrait se demander si ce retour du concept de race sur celui de nation ne lui fit pas prendre conscience que c'était précisément le processus de constitution des nations modernes qui avait fait naître, parallèlement, l'idée de race dans son sens moderne. C'est ce qui rend évidemment ces débats particulièrement intéressants, dans la mesure où ces questions peuvent paraître non résolues encore de nos jours. De même, la question d'un fondement de l'unité de l'humanité, autre que religieux, autre que biologique, occupe-t-elle les esprits jusqu'à aujourd'hui.

AGNÈS GRACEFFA

La tentation de la pensée raciale dans les lectures historiographiques françaises et allemandes 1920–1930 du peuplement dit germanique de la Gaule. Une conception historique de la race

L'analyse de la question du peuplement dit germanique au très haut Moyen Âge a très tôt confronté les historiens français et allemands à la notion de race, définie historiquement: Francs, Gaulois, et plus largement Germains peuvent-ils être appréhendés comme une ou plusieurs races, à quel titre, et quelles en seraient les conséquences historiques, notamment au regard de l'unité nationale? Le terme s'emploie dans la langue classique pour désigner une origine, notamment familiale, et spécifiquement quand elle est illustre (la race franque/mérovingienne). En 1727, le comte de Boulainvilliers systématise une théorie alors en latence dans les cercles érudits. La population de la France se diviserait en deux souches, nommées races, la gallo-romaine, asservie, et la franque, conquérante. La seconde, dont est issue la noblesse de l'époque, tire de son ancienne victoire sur la première son statut privilégié. Cette posture aristocratique ne remporte pas l'unanimité dans les milieux savants, elle apparaît subversive et réactionnaire et trouve chez Montesquieu, par exemple, une exposition plus nuancée. Le tournant démocratique de la fin du XVIIIe siècle étend la souveraineté de la nation de la seule famille royale – et de l'aristocratie – à l'ensemble de la population. Pourtant, la thèse des deux races trouve encore des partisans au début du XIXe siècle, et Augustin Thierry en inverse la logique: la conquête franque puis la royauté mérovingienne ont en fait usurpé le pouvoir et instauré le chaos, c'est la race gauloise qui a légitimité à gouverner par elle-même. Face à cette analyse polémiste, les historiens français vont privilégier une logique de concorde nationale qui insiste sur le mélange précoce des populations, tel que le décrivent François Guizot ou Frédéric Ozanam. Le succès du mot »race/Rasse« et le développement de l'anthropologie à partir de la seconde moitié du XIXe siècle confrontent les historiens au dilemme suivant: »race« est-il un équivalent de »nation« ou de »peuple«? Les observations physiques forment-elles un critère valide pour définir l'ethnicité?

Jules Michelet, lecteur attentif et admiratif de Grimm et de Herder, résume par ces termes la posture française: »La France est une nation, l'Allemagne est une race«. La population de la première est caractérisée par le mélange, la fusion, l'intégration linguistique et culturelle des migrations successives. Son unité est garantie par la forme étatique, et par une sorte de logique géographique, qui, toujours selon Michelet, dote l'espace français d'une cohérence propre. Le peuple allemand, au contraire, ne bénéficie pas d'une réalité institutionnelle, mais jouit d'une unité culturelle et linguistique interne. Les historiens allemands contemporains (Jacob Grimm) privilégient cette logique de la *Völkerpsychologie*: l'histoire du peuple allemand peut se reconstruire grâce à l'accumulation scientifique de multiples indices, linguistiques, juridiques, culturels, ethnologiques et archéologiques. La pratique historienne du XIXe et du premier XXe siècle présente une définition du terme de »race« qui s'apparente à »famille«; à côté de celui de »Stamm« ou »tribu«, le mot correspondrait sémantiquement à la notion de »gens« et désignerait un groupe uni politiquement issu d'une même souche ethnique. Cette approche s'inscrit en filiation avec la tradition ethnographique ancienne qui, de l'Antiquité classique à la Bible, d'Isidore de Séville aux modernes, vise à décrire et à classer les peuples. L'identification de critères discriminants, qu'ils soient culturels, physiques, caractériels ou géographiques, semble permettre un affinement scientifique de cette typologie.

LA FRANCE DEVANT LES RACES

L'antiquisant Camille Jullian, élève de Fustel de Coulanges, s'est attaché à l'étude de la Gaule celtique et romaine. Son analyse historique apparaît caractéristique de l'utilisation politique de l'histoire pendant la Première Guerre mondiale et dans les années 1920. Durant cette période, ses cours du Collège de France présentent une approche continualiste de la nation française. Pourtant son nationalisme se démarque d'une approche raciste, ainsi qu'il le précise:

> Ce mot de ›race prédestinée‹, si volontiers prononcé outre-Rhin, nous ramène à un problème qui a souvent fixé notre attention, le problème de la race. Vous vous rappelez comment nous l'avons constamment résolu. Aussi loin que nous sommes remontés dans les temps indo-européens, nous n'avons jamais rencontré de race, c'est-à-dire d'espèce humaine physiquement, moralement, éternellement distincte; mais nous avons toujours rencontré des nations, c'est-à-dire des sociétés humaines, d'une durée plus ou moins longue, d'une étendue plus ou moins vaste, de langues et d'habitudes différentes. En d'autres termes, nous n'avons point constaté dans la vie collective des hommes des lois physiologiques, mais des institutions déterminées par le sol et par l'histoire[1].

Il poursuit son propos par une dénonciation des thèses de Gustaf Kossinna (»Die deutsche Vorgeschichte«, 1912), et retourne avec ironie l'idée de »race parfaite entre toutes, la race prééminente«: selon cette logique d'immanence et de non-miscibilité, la »race allemande, distincte de celles qui se sont mêlées pour former l'Angleterre, la Belgique ou la France« serait au contraire »la race maudite, condamnée à la brutalité éternelle, issue des sombres époques de l'humanité moustérienne ou néolithique«[2]. Sa conscience de la dangerosité de ces raisonnements et sa volonté de s'y opposer le conduisent d'ailleurs à convoquer l'exemple de l'Afrique et à dénoncer le risque génocidaire:

> Il [le mot de race] éveille une idée de conformation physique à laquelle nul n'échappe en naissant, d'habitudes matérielles que le corps nous contraint de subir, d'une inéluctable fatalité qui

---

[1] Camille JULLIAN, Au seuil de notre histoire: leçons faites au Collège de France, vol. II, Paris 1919, p. 16–17.
[2] Ibid., p. 18.

pèse sur les individus et les sociétés. Il justifie les haines, les condamnations, les anéantissements même. Si vous dites que les Noirs d'Afrique sont une race inférieure, éternellement inférieure […], vous vous résignez à sa disparition comme à une règle inévitable. Mais si vous dites, ce que je crois être la vérité, que les tribus du Soudan, par exemple, représentent la décadence actuelle de nations qui furent puissantes, civilisées, et nullement méchantes, vous émettez l'espoir que ces groupes d'hommes pourront se relever[3].

Le mélange, les fusions ethniques et les phénomènes d'acculturation représentent des valeurs positives et valorisées. Ce référentiel républicain s'appuie sur la définition de la nation énoncée par Ernest Renan, quelques années auparavant: un groupe politique fondé sur une volonté commune, qui est moins soudé par un passé pluriel que par la foi en un avenir à construire ensemble. Sa conception de l'histoire et des peuples se distingue de toute notion de fatalité, elle allie au contraire libre arbitre et lois naturelles, en premier lieu celles de la géographie et du caractère. Ces deux éléments justifient un patriotisme exacerbé qui s'exprime de manière décomplexée dans un discours antigermanique. Jullian rejette l'utilisation raciste du terme de »race« – qu'il emploie par ailleurs – et remplace la notion par celle de »tempérament«, ou encore d'»âme«, de »souffle«, qui rappelle le latin *anima*[4].

Le discours de Ferdinand Lot présente une ambivalence semblable à celle qui est observée dans celui de Jullian: l'emploi du mot »race« cohabite avec l'opposition contre toute idée de permanence et de non-miscibilité ou de caractères physiques déterminés. Rendant compte de la nouvelle édition de l'ouvrage d'Henri d'Arbois de Jubainville, »Les premiers habitants de l'Europe d'après les écrivains de l'Antiquité et les travaux des linguistes« (1894), le médiéviste s'oppose à la thèse développée selon laquelle la race française ne serait ni gauloise ni germanique, mais de souche bien plus ancienne[5]. Jubainville reprend en effet l'idée ancienne, défendue par certains modernes, d'une parenté celto-germanique: les Gallo-Francs formeraient en fait un seul peuple, arrivé sur le sol dit gaulois en deux vagues successives, la première préromaine – celle des Gaulois –, la seconde à partir du IIIe siècle – celle des Germains. François Hotman argumentait ce postulat par des éléments philologiques et politiques, il s'agissait de justifier la légitimité territoriale de la dynastie royale et l'unité de la nation. Jubainville fonde quant à lui son hypothèse sur l'anthropologie. Les Gaulois auraient été »grands et blonds ou roux«, tout comme les Germains, alors que »la majorité des Français est brune et de taille moyenne«. L'admiration que lui porte Ferdinand Lot n'empêche pas une critique ferme: ce dernier souligne le »préjugé« dans cette représentation physique. Il dénonce le postulat d'un maintien d'un »type physique aussi distinct au milieu de la population vaincue«: »Ce serait un cas unique dans l'histoire«, souligne-t-il. Il condamne enfin »l'idée fausse« selon laquelle Celtes ou Germains forment une race unique:

---

[3] Ibid., vol. I, p. 185.
[4] Ibid., vol. I, p. 186: »Il restera toujours, pour déterminer la marche d'une nation à travers le temps, il restera la nature du sol qu'elle habite et la nature de son tempérament«.
[5] Ferdinand LOT, Bibliothèque de l'École des chartes (BEC) 55 (1894), p. 148–155.

Actuellement on sait qu'aucune nation de l'Europe n'a d'unité de race, mais nous aimons à nous imaginer qu'il n'en était pas ainsi dans l'Antiquité. C'est là une erreur de perspective. Quand les Celtes apparaissent dans l'histoire, vers le VIe siècle avant notre ère, l'humanité était déjà bien vieille, et les tribus celtiques, pour avoir l'unité de langue et sans doute de mœurs, n'en étaient pas moins la fusion de bien des races préexistantes à jamais indiscernables[6].

En 1913, Lot plaide de nouveau pour une »science de l'histoire ethnique« qui n'aurait »rien à voir avec le gobineauisme«[7]. Le royaume mérovingien se caractérise par la »confusion des races«[8], c'est-à-dire le mélange sans regard pour cette distinction. Au VIIe siècle déjà le terme de *francus* désigne tout homme libre, sans référence aucune à son origine. Si l'assimilation ne s'effectue pas de manière homogène selon les territoires, ses formes diverses annoncent les particularismes régionaux, mais ne remettent pas en question la fusion totale qui s'est effectuée entre »indigènes« et »envahisseurs«. L'acculturation est favorisée par l'union confessionnelle avec la conversion de Clovis, le choix du latin comme langue administrative, l'absence d'usurpation de terre. La thèse d'un apport démographique restreint, tant numériquement que géographiquement (limité à la partie septentrionale de la Gaule) conforte l'idée d'une intégration rapide des populations. La préservation de caractères spécifiques n'aurait été possible, selon Lot, que si les Germains de Clovis avaient eu une volonté délibérée de ne pas se mélanger aux Gallo-Romains. Or, leur désir consistait précisément à intégrer le modèle impérial, même si cet effort initiat en fait une décadence de celui-ci.

L'égalité politique des habitants du *Regnum Francorum* a frappé tous les historiens. Tout habitant de la Gaule, qu'il soit Franc, Romain, Bourguignon, libre ou affranchi, riche ou pauvre, peut entrer au service de l'État et faire une carrière. Tous sont égaux politiquement, parce qu'ils sont égaux dans la servitude. Le Mérovingien n'a point de système, point de préjugé de race, de langue, de condition sociale[9].

Le maintien de l'emploi de »race« dans le sens d'origine politique (l'expression »race des Francs« revient fréquemment) relève donc de l'usage et ne prête pas à confusion. En 1947, dans son ouvrage »La Gaule. Les fondements ethniques, sociaux et politiques de la nation française«, le mot apparaît régulièrement. La fusion de races diverses, indigènes et exogènes, forme le creuset français, et inscrit par le sol une continuité de la nation. Lot se démarque des dérives récentes, il écrit: »Il ne faut jamais oublier – et anthropologues et préhistoriens l'oublient constamment – qu'un squelette ne nous fait jamais la grâce de révéler sa nationalité«[10]. La bibliographie proposée à la fin de son ouvrage reflète son incapacité à renvoyer à des travaux scientifiquement irréprochables, et s'il cite Broca, Collignon, Topinard et Montandon, il en souligne les lacunes;

---

[6] Ibid., p. 151.
[7] ID., BEC 74 (1913), p. 129.
[8] ID., Les destinées de l'Empire en Occident, Paris ²1940, p. 392–393.
[9] Ibid., p. 310.
[10] ID., La Gaule. Les fondements ethniques, sociaux et politiques de la nation française, Paris 1947, p. 23.

de la même manière, sa référence au »Germanische Volkserben in Wallonien und Nord-Frankreich« de Franz Petri (Bonn 1937) se double d'une prévention. Le dessein de l'ouvrage semble être, sans polémique et sans xénophobie, de vulgariser la thèse d'une continuité gallo-française et de l'existence d'un type français, tant physique que moral, qui se distingue du type germano-allemand, et ceci sur l'ensemble du territoire national[11]. L'auteur rejoint ainsi finalement l'idée d'un »tempérament« français développée par Camille Jullian.

Dans ses écrits sur les invasions, l'historien Marc Bloch appréhende les mondes germanique et romain comme deux entités distinctes (même si elles ne sont pas fermées), c'est-à-dire comme deux modèles culturels ou »stades de civilisation«. L'approche ethnique est nécessaire pour appréhender les structures et la notion de »choc civilisationnel«[12]. Les deux peuples sont définis culturellement, et non biologiquement: »Leur antagonisme fut moins, en somme, le heurt de deux traditions ethniques différentes que celui de deux types de sociétés parvenues, chacun, à des stades inégaux d'évolution. [...] Des institutions plus archaïques se trouvèrent face à face avec des institutions d'un modèle plus évolué; et les premières souvent triomphèrent des secondes«[13]. Dans »Les caractères originaux de l'histoire rurale française«, il qualifie la thèse d'un lien entre occupation du sol et race d'»incroyablement simpliste«[14]. Il s'en démarque ainsi:

> Au temps où la race semblait devoir donner la clef du passé, on songea, tout naturellement, à demander au *Volksgeist* le mot de cette énigme, comme de tant d'autres. Tel fut notamment, hors de France, l'objet de la grande tentative de Meitzen, précieuse comme initiatrice, mais qu'on doit tenir aujourd'hui pour définitivement ruinée. Aussi bien, entre autres torts, avait-elle celui de ne tenir compte que des peuples historiquement attestés [...]. Mais ne parlons ni de race ni de peuple: rien de plus obscur que la notion d'unité ethnographique. Mieux vaut dire: types de civilisation[15].

À ces »deux types de civilisations« se rattachent »deux structures économiques«[16]: l'opposition n'est pas de nature mais de degré. La crise monétaire, politique et sociale

---

[11] Ibid., p. 25: »le fait que le Gaulois historique est l'ancêtre du Français et physiquement et moralement dans l'immense majorité des cas«.
[12] Marc BLOCH, Les invasions barbares, dans: Revue de Synthèse historique 60 (1945), p. 105: »Quoi qu'en ait pensé le bon abbé Dubos, quoi que Fustel lui-même ait parfois paru indiquer, il est décidément impossible de concevoir l'invasion sous les idylliques couleurs d'une suite d'alliances entre peuples conquérants et peuples conquis«.
[13] ID., La société du haut Moyen Âge, dans: Journal des savants (1926), p. 71, où il tente de remettre »l'accent sur les haines de peuple à peuple« qui, de surestimées par l'historiographie nationaliste, lui paraissent maintenant sous-estimées: elles constituent pourtant, selon l'historien, un fait historique, très présent dans les sources, et non négligeable.
[14] Ibid., p. 66: sur les »partis pris ethnographiques de Meitzen«, c'est-à-dire »une thèse invraisemblablement simpliste, dont un des postulats essentiels est d'admettre que les Germains ont possédé, comme un signe de race, un mode d'établissement spécifique«.
[15] ID., Les caractères originaux de l'histoire rurale française, Paris ²1952, p. 102.
[16] ID., Une mise au point: les invasions, Annales HS, 1945, vol. 1, p. 33–46 et vol. II, p. 13–28; ID., Mélanges historiques, vol. I, Paris ²1963, p. 110–141.

du IIIe siècle forme la raison structurelle de la déstabilisation de l'Empire et du succès barbare[17]; parallèlement, le ralliement des populations gallo-romaines au pouvoir franc s'explique par des facteurs économiques et politiques. Il rejette la thèse d'une typologie raciale d'occupation du sol, mais admet les lectures soit régionales, soit historiques, pour lesquelles la toponymie représente un fossile de cet apport démographique linguistiquement distinct. L'ensemble des territoires gaulois et germains de la basse Antiquité et du haut Moyen Âge se caractérise par une occupation très lâche du sol et par une structure agraire »trouée« de zones dépourvues de peuplement. Les déplacements de populations s'appréhendent en deux temps: »La mise en marche de peuplades entières avait d'ailleurs été précédée, en Germanie, par une lente migration qu'atteste l'inflation à travers le monde romain de tant d'éléments germaniques, à tous les degrés de la hiérarchie sociale«. À la suite de ces migrations diffuses succède un déplacement de population très important (en regard de la pression démographique de l'époque, s'entend[18]) au moment même des conquêtes (deuxième moitié du Ve siècle), selon un mouvement qui ne concernerait donc pas de simples armées, mais des populations complètes. Les Francs Saliens s'installent »dans la plaine basse au sud des bouches de l'Escaut, Flandres, Brabant occidental et septentrional«, au sein de vides »qu'ils avaient eux-mêmes créés« par leurs incursions dévastatrices précédentes, et repeuplent ainsi presque totalement le pays[19]. L'adhésion de Marc Bloch à la thèse d'une migration démographiquement significative, en opposition donc avec les analyses de Camille Jullian et de Ferdinand Lot, ne l'incite pas pour autant à adopter l'approche de la *Rassenkunde*. Son refus de la logique ethnique ne s'appuie pas sur des arguments politiques ou sur la simple historicisation, mais sur l'explication socioéconomique. La revue les »Annales«, qu'il a fondé et codirige, s'illustre par ailleurs tout au long des années 1930 par une conscience vive des dérives de l'archéo-anthropologie allemande contemporaine[20].

---

[17] Ibid., p. 111.
[18] Ibid., p. 130: »Vinrent les invasions germaniques. À l'échelle d'aujourd'hui, les déplacements d'hommes qu'elles provoquent paraîtraient sans doute assez médiocres«.
[19] Ibid., p. 131: »Les Francs Saliens paraissaient bien n'avoir rencontré que des établissements de tout temps très clairsemés; leur arrivée peupla véritablement le pays et prépara ainsi sa future grandeur économique, que devait favoriser sa place au centre même des communications de la nouvelle Europe«.
[20] »Pendant ce temps-là, un pauvre diable d'instituteur romagnol, phobique, plein d'idées de sorcellerie, de superstitions, d'absurdités apprises et héritées, et un peintre en bâtiment inculte et ignare des Alpes autrichiennes, avec dans la tête ce que nous pouvons y supposer également d'idées préhistoriques naïvement transposées, vouent le monde à l'anéantissement«, résume Lucien Febvre dans une lettre à Marc Bloch (mars 1939) dans: Bertrand MÜLLER (éd.), Correspondance III. Les »Annales« en crises (1938–1943), Paris 2003, p. 58.

LA TENTATION DE LA RACIOLOGIE EN ALLEMAGNE
»UNE UNITÉ RACIALE HISTORIQUEMENT FONDÉE«

Les dernières années du XIXe siècle avaient vu une focalisation renforcée de l'intérêt des historiens allemands sur leur *Vorgeschichte*, de la préhistoire à Charlemagne. Après le moment romantique de l'exaltation de l'âme allemande sous la plume de Grimm, pour fonder la nation allemande en un peuple historique doté d'une langue, d'une culture, d'un droit et de caractères particuliers et communs, l'effort de la jeune *Verfassungsgeschichte*, sous l'égide de Georg Waitz, avait consisté en une légitimation de la culture germanique ancienne et médiévale: ceux que l'historiographie française se plaisait à nommer Barbares formaient selon ce nouveau paradigme une société organisée, dont il était désormais possible de décrire les structures et les règles. Les synthèses proposées par Felix Dahn et par Walther Schultze au tournant du siècle approfondissaient ce constat en insistant, pour la première, sur la continuité de la culture allemande, et, pour la seconde, sur son évolution historique, dans laquelle la fusion avec la romanité et la conversion au christianisme constituaient un apport essentiel. L'un comme l'autre présentaient un tableau du Germain aux caractères physiques et moraux bien déterminés, que le nationalisme prussien, renforcé par la récente refondation du Reich en 1870, contribuait à promouvoir. Cette invention de la figure de l'Allemand éternel se trouve déjà dans le premier volume de la »Geschichte des deutschen Volkes« d'Eduard Duller (1840), qui en fait la description suivante: »Gross, stark und schön waren die Deutschen in alter Zeit. Weiss und rein war die Farbe ihrer Haut, in üppiger Fülle floss das goldgelbe Haar, der Mähne des Löwen ähnlich, bei Männern und Frauen hernieder, und aus den grossen blauen Augen blickten Muth und edler Freiheitsstolz«[21].

Face au succès de la race active germanique ou aryenne qui se développe chez les pangermanistes, Franz Steinbach s'interroge sur la notion de *Stamm* et semble rejeter celle de *Rasse*. Son ouvrage »Studien zur Westdeutschen Stammes- und Volksgeschichte« (1926) propose d'intégrer les trois indices linguistique (*Dialekte*), toponymique (*Ortsnamen*) et architectural (*Bauernhausformen*) susceptibles d'identifier culturellement les peuplades (*Stämme*) et d'évaluer à partir de ceux-ci la question de la frontière occidentale entre peuples romans et peuples germaniques. Cependant, le projet de son étude ne consiste pas seulement à proposer deux morphologies culturelles (*Kulturmorphologie*) opposées. Il vise aussi à résoudre la question de l'historicité de cette opposition, et de l'influence des migrations barbares sur celle-ci. L'historien souhaite contrecarrer les deux théories suivantes. Pour la première (défendue par Auguste Longnon), la France ressemble à »une œuvre d'art peinte par la main d'un

---

[21] »Les Allemands du temps passé étaient grands, forts et beaux. La couleur de leur peau était d'un blanc pur et leur chevelure dorée se répandait en ondulant, telle la crinière du lion, tant chez les hommes que chez les femmes, et de leur grands yeux bleus perçait un regard noble empli de courage et de fière liberté«, Eduard DULLER, Geschichte des deutschen Volkes I, Berlin 1840, p. 6.

maître«[22], la monarchie franque puis française, qui a uni les peuples tels des matériaux naturels dans un espace destiné à former une unité; pour la seconde (celle de Johannes Haller), le peuple allemand est le produit de l'État[23]. Il ne procède pas d'une unité naturelle mais d'une construction historique, et sa naissance n'est pas antérieure au Xe siècle. À la place du politique et de l'institutionnel comme élément déterminant dans la formation nationale, Franz Steinbach souhaite placer ce qu'il nomme le particularisme de chaque peuple. Mais son approche se distingue, et de l'ancienne vision romantique, qui lie de manière intrinsèque un peuple à sa langue[24], et de la nouvelle analyse de la *Rassenkunde*, qui fonde celui-ci sur une détermination biologique préservée à travers l'histoire. La fusion culturelle est possible sans fusion de race, car celle-ci correspond à un processus beaucoup plus long: les recherches anthropologiques ont montré que le contact ethnographique précède le mélange anthropologique, c'est-à-dire qu'une communauté de langue et de culture peut se former sans fusion des races[25]. Cet apport permet d'affirmer que la langue et l'*ethnos* ne sont pas liés; une langue seule ne forme pas une nationalité, même si elle reste un composant essentiel de l'unité culturelle[26]. Tout en reprenant cette thèse, Franz Steinbach se distingue de la logique raciale en refusant de donner à l'habitus ethnique (racial) une place prépondérante par rapport à l'habitus culturel. L'application du concept de race reviendrait à reconnaître dans chaque pays européen une extraordinaire mosaïque ethnique (*Rassenmosaik*), »au moins six [ethnies] différentes pour l'Allemagne dès le premier coup d'œil«, et la logique du principe défendu par Gustaf Kossinna entraînerait la détermination de délimitations géographiques fantaisistes, fondées sur ce qu'il nomme la race[27]. C'est l'emploi même du mot *Rasse* qui rend, pour le lecteur contemporain, la position de Franz Steinbach équivoque, alors même qu'il définit le terme, en lien avec celui de

---

[22] Auguste Longnon, »Origines et formation de la nationalité française. Eléments ethniques-Unité territoriale«, leçon proférée au Collège de France en 1889, publiée dans La formation de l'unité française, 1922; cité par Franz STEINBACH, Studien zur westdeutschen Stammes- und Volksgeschichte, Iéna 1926, p. 1: »Gemälde von Meisterhand«.

[23] Johannes HALLER, Die Epochen der deutschen Geschichte, 1923, cité par STEINBACH, Studien (voir n. 22), p. 1: »Nach ihm gibt es vor dem 10. Jahrhundert keine deutsche Geschichte und ›das deutsche Volk ist keine natürliche, sondern eine geschichtlich gewordene Einheit‹«.

[24] STEINBACH, Studien (voir n. 22), p. 16: »Zwar setzt man meist nicht mehr im Sinne der romantischen Schule von Jakob Grimm und wie noch Arnold Sprache und Rasse als untrennbar voraus«.

[25] Ibid., p. 14: il reprend là essentiellement l'analyse de RATZEL, Anthropogeographie I, Stuttgart 1882, p. 394, mais se réfère aussi à Paul VIDAL DE LA BLACHE, Principes de géographie humaine, Paris 1922, notamment p. 277, et, assez logiquement, à Camille JULLIAN, De la Gaule à la France, Paris 1922, chap. II.

[26] STEINBACH, Studien (voir n. 22), p. 16: »eine Sprache allein begründet kein Volkstum; aber sie [ist] doch wenigstens eine der wichtigsten Komponenten der kulturellen Einheit«.

[27] Ibid., p. 17: L'auteur évoque là l'ouvrage de Gustaf KOSSINNA, Herkunft der Germanen, Wurtzbourg 1911.

Stämme, comme une »unité raciale historiquement formée« plutôt que comme une stricte »origine commune«[28].

La construction franque devient une réalisation politique qui ne procède d'aucune réalité ethnique: »les Francs ne sont pas nommés en tant que tribu germanique«, l'origine et la signification de leur nom même est extrêmement confuse[29]. Il apparaît inutile de tenter d'identifier historiquement leur formation préhistorique: les Ripuaires, selon l'auteur, ne sont pas une peuplade aux caractères spécifiques, un *Stamm* (»keine geschlossen eingerückte Völkerschaft, kein Stamm«), mais une création politique nouvelle du Ve siècle. Les Alamans n'ont pas davantage d'origine commune[30]. Le rôle de Clovis puis de ses fils en tant qu'unificateurs des peuples (*Stämme*) germaniques constitue un fait politique incontestable et relève bien d'une »véritable construction étatique dynastique«[31]. Les tribus allemandes (*deutsche Stämme*) sont des constructions socio-historiques, des unités culturelles qui procèdent de l'influence réciproque du cadre géographique et de l'histoire: la conscience tribale ou régionale (*Stammesbewußtsein*) dépend strictement d'un espace donné[32]. Ce constat ne remet pas en cause l'ancienneté de ces »unités historiquement construites« (»geschichtlich gewordene Einheiten«), mais au contraire, par la définition non strictement politique mais également sociale et culturelle, leur offre une nouvelle légitimité historique. Il intègre la notion de temps et de mutation culturelle, et dépasse ainsi à la fois la lecture linéaire raciale, invalide scientifiquement, et la lecture historico-politique, qui ne prend en compte que les formes étatiques. »Aussi longtemps que le peuple allemand vivra, les tribus continueront dans son sein leur croissance et leurs mutations«[33]. Concernant la fin du Bas-Empire et le début du Moyen Âge donc, »l'élément primordial de la construction tribale après la confusion de la période migratoire n'a pas été la différenciation raciale et ethnique des populations germaniques en des groupes fermés, ni la naissance de spécificités qui s'affirmeront au cours des temps, mais l'élaboration de particularismes politiques et territoriaux«, qui participent à la réalisation mérovingienne[34]. Le temps des migrations ne signifie pas une rupture totale au sein de l'évolution culturelle européenne, et les Germains ne pénètrent pas comme des peuplades fermées (»als geschlossene Stämme«) dotées de caractères définitifs dans l'espace occidental. La frontière linguistique ne constitue pas une relique de la période des migrations, mais

---

[28] Ibid., p. 15: »Es ist heute bei den Historikern zweifellos noch sehr üblich, gerade in den blutsmäßigen Anlagen und Eigenschaften, also in der Rasse das Wesen des Volkstums zu sehen. Das unglückselige Wort ›Stämme‹ wirkt in derselben Richtung, obwohl man weniger an gemeinsame Abstammung als an geschichtlich gewordene Rasseneinheit denkt«.

[29] Ibid., p. 116.

[30] Ibid., p. 117.

[31] Ibid., p. 115.

[32] Ibid., p. 123: »Die Stämme sind geschichtlich-soziale Bildungen, kulturelle Einheiten, entstanden durch Wechselwirkung von Raum und Geschichte im weitesten Sinne des Wortes. Darum hat sich ein geschlossenes Stammesbewußtsein nur in bestimmten Landesteilen entwickelt«.

[33] Ibid., p. 124.

[34] Ibid.

une démarcation claire qui sépare deux grands espaces culturels distincts[35]: leurs différences apparaissent antérieures à la *Völkerwanderung*, même si celle-ci les renforce et que le temps va progressivement les conforter. Ils forment les deux communautés culturelles appelées peuple allemand et peuple français, bien avant le Xe siècle. Franz Steinbach défend ainsi le caractère allemand de la région rhénane sur la base d'une unité du peuple allemand fondée moins sur la race que sur la culture et la langue, sachant que celle-ci n'est pas une compétence intrinsèque mais un produit de la culture, notamment de l'éducation. Trois éléments structurent cette analyse: premièrement l'idée du *Stammesbewußtsein* (conscience tribale) et de ses manifestations culturelles; deuxièmement la frontière linguistique, produit de l'évolution culturelle; troisièmement la particularité, culturelle donc, du caractère allemand (*Deutschtum*) antérieure à la naissance institutionnelle de l'État allemand[36], et en opposition fondamentale avec l'identité française.

De récents travaux consacrés à la communauté historienne allemande pendant le nazisme ont rappelé les difficultés administratives et scientifiques auxquelles furent confrontés les historiens: plusieurs sont contraints à la démission ou à l'immigration, et les jeunes habilités hostiles au régime doivent privilégier des carrières annexes, et prennent notamment des postes d'archivistes qui leur évitent l'adhésion au parti nazi, obligatoire pour obtenir un poste à l'Université. Ludwig Schmidt, directeur des archives de Dresde, bénéficie à ce titre d'une situation privilégiée: dès la fin des années 1920, il a acquis une reconnaissance internationale en matière d'analyse de la *Völkerwanderung* et propose pourtant une approche nuancée par rapport au diktat de la *Rassenkunde* et de l'école archéo-anthropologique de Gustaf Kossinna. Sa »Geschichte der germanischen Frühzeit«, publiée en 1925 et rééditée en 1934, énonce ainsi les points suivants: les Germains des premiers siècles ne forment pas un peuple, mais seulement une branche ethnique (*Stamm*)[37]. Ils ne correspondent pas aux Allemands (*Deutsche*), puisque le mot même de *deutsch* n'apparaît qu'au IXe siècle. La localisation de leur territoire d'origine (*Urheimat*) pose problème: l'historien relate les hypothèses successives qui privilégient soit l'Asie centrale, soit l'Europe septentrionale, sans pour autant privilégier l'une ou l'autre, ce qui représente en soi une remise en cause de la thèse nordique.

Suchte man dieselbe [Heimat] früher allgemein in Zentralasien, so hat man sich neuerdings auf Grund sprachwissenschaftlicher, archäologischer und anthropologischer Kriterien für Europa insbesondere Nordeuropa (Südscandinavien, Dänemark und Norddeutschland) entschieden; aber es mehren sich in neuerer Zeit die Stimmen, die wieder für asiastische (osteuropäische) Sitze

---

[35] Ibid., p. 179: »dass die Sprachgrenze nicht ein zufälliges Relikt der Völkerwanderung ist, sondern die klare Grenzlinie zweier großer Kulturzentren darstellt, die nach der Verwirrung der Völkerwanderungszeit sich immer schärfer gegeneinander abgesetzt haben«.

[36] Ibid., p. 180: »Dieser Aussonderungsprozeß des Deutschtums liegt vor der Bildung des deutschen Staates«. Le moment carolingien est assimilé à une étape au cours de ce processus.

[37] Ludwig SCHMIDT, Geschichte der germanischen Frühzeit. Der Entwicklungsgang der germanischen Nation bis zur Begründung der fränkischen Universalmonarchie durch Chlodowech, Cologne ²1934, p. 3.

eintreten und auf die Unsicherheit der für die nordeuropäische Theorie angeführten Gründe (Vorkommen botanischer Namen, Kenntnis des Meeres u.a.) hinweisen[38].

La description du peuple germanique, très détaillée, reprend en partie les canons essentiels de la tradition germaniste, tant sur le plan physique que moral (la taille, les indices corporels, l'amour de la liberté, le courage, la discipline militaire). »Nombre de ces indices se sont maintenus jusqu'à aujourd'hui, notamment dans le Nord«[39], indique Schmidt, qui précise qu'»en Allemagne méridionale le type brun maintenant domine, du fait de l'influence des modifications des conditions de vie et du climat, mais aussi du mélange avec les Celtes«. Plus spécifiquement, il annonce ne pas préférer se prononcer sur le degré d'indépendance des relations des Germains vis-à-vis des mélanges raciaux[40].

La perspective choisie par Ludwig Schmidt reste définitivement historicisante: les Germains ne sont pas des sauvages, mais, au début des migrations, leur niveau culturel (*Kulturstufe*) apparaît effectivement en deçà de leurs contemporains romains. Ce décalage provient de raisons climatiques, et par contre leur grande capacité culturelle (*Kulturfähigkeit*) s'exprime durant la *Völkerwanderung*, au cours de laquelle ils rencontrent la civilisation romaine et s'intègrent très rapidement à elle par un effet de fusion[41]. L'insistance sur cette notion de mélange témoigne tant de l'opposition de l'auteur aux théories des raciologues que de l'influence des thèses contemporaines d'Alfons Dopsch, et, au-delà, de l'apport de la jeune sociologie.

Œuvre d'un jeune historien rhénan déjà reconnu, qui continuera sa carrière universitaire après guerre, le *Volkserbe* de Franz Petri offre au contraire une lecture bien plus paradoxale, et ce à deux niveaux: méthodologiquement, il revendique la convocation de la raciologie dans l'analyse historique du peuplement germanique de l'espace franc et énonce l'apport de ses propres travaux d'historien à cette même raciologie[42]; scientifiquement, il développe une thèse radicale et nouvelle de la question, sur laquelle il se rétractera ensuite (»Die fränkische Landnahme und die Enstehung der germanisch-romanischen Sprachgrenze in der interdiziplinären Diskussion«, 1977). L'impact démographique et géographique des migrations dites germaniques du Bas-Empire aurait été largement sous-estimé. La présence multiple de traces (archéologiques, linguistiques, toponymiques, culturelles, raciales) bien en deçà de la frontière linguistique permet au contraire d'affirmer une implantation large et profonde dans une large moitié septentrionale. Son souvenir s'est trouvé comme effacé par le processus de re-romanisation des territoires qui lui a succédé. Une cartographie nouvelle de l'espace »germanique« altimédiéval se dessine alors, dont la taille apparaît bien supérieure à celle

---

[38] Ibid., p. 4.
[39] Ibid., p. 13.
[40] Ibid., p. 12: »Inwieweit die somatischen Verhältnisse der Germanen von der Rassenmischung abhängig sind, vermögen wir nicht zu sagen«.
[41] Ibid., p. 161.
[42] Franz PETRI, Germanisches Volkserbe in Wallonien und Nordfrankreich, Bonn 1937, p. 853: »Das instruktivste unter ihnen ist die Rassenforschung mit ihren Ergebnissen über die Verbreitung der großen europäischen Rassen«.

définie dans les analyses traditionnelles. La prise du pouvoir mérovingienne ne constitue donc pas un miracle historique, comme les historiens français la décrivent, mais le succès d'un peuple fortement implanté dans un large espace franc. Le substrat ethnique forme une réalité endémique face aux mutations politiques de romanisation, germanisation, re-romanisation successives. La forme même de cette installation primitive, majoritairement paysanne, constitue un argument supplémentaire en faveur d'une implantation souche. L'espace entre Seine et Loire se caractérise donc par une installation germanique importante (»eine wirkliche germanische Volkssiedlung«), contrairement aux postulats de l'historiographie antérieure et contemporaine qui s'accordait à limiter au nord de la Seine une installation germanique plus ou moins significative[43]. Après avoir rappelé la définition physique des divers types raciaux et les critères utilisés (»Körpergröße, Haut- und Haarfarbe und Schädelindex« notamment), Petri conclut:

Die Zusammenfassung der verschiedenen Rassenbilder [...] liefert ein höchst merkwürdiges Ergebnis: Genau diejenigen Gebiete, die sich uns auf Grund der Kombinierung von Namenforschung und frühmittelalterlicher Archäologie als Hauptverbreitungsgebiete der fränkischen Landnahme herauskristallisiert haben, erscheinen auf der Rassenkarte als südwestlichstes Verbreitungsgebiet des nordischen Typus. Die Übereinstimmung ist geradezu frappierend. Von dem Reliktgebiet in den Ardennen abgesehen, hebet sich das ganze Frankenreich Chlodwigs auch rassisch als eine Einheit heraus. Untere Seine und das Loireknie bei Orleans erscheinen als nordische Rassengrenze.

Et cette observation explique la vitesse du succès politique franc, ainsi que »la dissolution raciale rapide des Celtes«[44]. L'utilisation contemporaine de ces recherches dans le cadre de la *Volksgeschichte* telle que la prône l'historien Adolf Helbok (»Grundlagen der Volksgeschichte«, 1937), fondée sur la théorie du *Blut und Boden* et sur celle des peupliers, mais également sa captation par les pouvoirs politiques comme justification de la guerre puis de l'annexion de territoires dits ethniquement germaniques, rend ce discours particulièrement sujet à doutes quant au dessein initial de l'historien.

UNE CONCEPTION HISTORIQUE DE LA RACE

L'étude comparative des discours des historiens français et allemands montre globalement la défense d'une conception spécifiquement historique de la race. Le terme, dans le sens de famille ethnique, est toujours un produit politique et culturel en perpétuelle mutation. La tradition micheletienne (»et ta race est 89«[45]), reprise par Jullian, associe le mot à celui de liberté. Le point de vue allemand reste marqué par la référence à un type germanique originel et prédominant, mais dont les historiens soulignent le caractère construit (il s'agit d'une représentation autant que d'une réalité) et historiquement

---

[43] Ibid., p. 854.
[44] Ibid., p. 856.
[45] Jules MICHELET, Bible de l'humanité, Paris 1864, conclusion; voir l'analyse de ce texte par Claude RÉTAT, »Jules Michelet, l'idéologie du vivant«, dans: Romantisme 130 (2005), p. 9–22.

dépassé. La notion de mélange, rappelée par tous, s'oppose à la conception raciste, fondamentalement anachronique et contraire à tout effort d'historicisation. Pourtant, l'impact de la raciologie s'observe dans la définition de plus en plus généralisée de faciès ou de types ethniques chez les historiens, et certains apports de l'anthropologie et de la raciologie sont amplement cités. Une partie de l'historiographie allemande présente une contamination progressive des idées des raciologues, en premier lieu celle de la non-miscibilité. Parallèlement, les travaux d'historiens servent de réservoir à idées et à preuves pour la raciologie: l'ouvrage de Franz Petri permit l'élaboration chez Rudolf Graemer ou Adolf Helbok d'une logique historique de la domination de la race aryenne. La cartographie de la présence germanique au début du haut Moyen Âge devient celle d'une population contemporaine dite aryenne – celle du Troisième Reich à construire –, et l'espace dynamique de la *Völkerwanderung* se transforme, sous la plume des théoriciens nazis, en zone légitime de l'espace de domination allemande.

La résistance de l'historiographie aux thèses raciales, et éventuellement la dénonciation scientifique de celles-ci, a coexisté avec une contamination linguistique des discours (emploi du terme et utilisation de la lecture ethnique dans la majorité des écrits). Le démantèlement institutionnel de la communauté historienne en Allemagne dès 1933 a limité la capacité de celle-ci à exercer un contrôle scientifique des discours. Si les historiens postulent toujours une conception historique de la notion de race, la dérive »raciste« contemporaine rend difficile le respect d'une déontologie de la science historique et permet le réinvestissement pervers du travail des historiens par les raciologues, notamment en Allemagne. Seul le choix d'une approche socioéconomique, ainsi que l'a tentée Marc Bloch, permet de contrer les dérives d'une lecture ethnique. Ce constat oblige, après la Seconde Guerre mondiale, à une expulsion définitive du terme des discours: celui d'»ethnie«, euphémisme dépourvu de connotation, le remplace, sans qu'une véritable mise au point sémantique ne s'opère, puisque ce mot peut désigner à la fois la »race historique«, la tribu (c'est-à-dire un peuple dépourvu de réalité institutionnelle) ou encore une unité culturelle et/ou linguistique[46].

Antiquisants et médiévistes français et allemands de ce début du XXe siècle semblent ainsi avoir globalement poursuivi un combat scientifique contre les préjugés sur la race et l'utilisation fallacieuse de ce concept. Ils l'ont mené alors que la perspective d'un renouvellement des savoirs par l'anthropologie et l'archéologie leur apparaissait une opportunité exceptionnelle pour comprendre et trancher les problématiques questions de la démographie antique et altimédiévale, et des mouvements de population. C'est à cet espoir désabusé que Ferdinand Lot en appelait en 1894:

C'est l'anthropologie qui devrait avoir le dernier mot. Jusqu'ici, malheureusement, les travaux ont été conduits, du moins chez nous, sans méthode critique et sous l'empire d'idées préconçues. Tout est à refaire. Du train où vont les choses en France, il est à craindre qu'on ne s'y mette pas sérieusement avant le XXIe siècle[47].

[46] Alice KRIEG-PLANQUE, Le mot »ethnie«: nommer autrui. Origine et fonctionnement du terme »ethnie« dans l'univers discursif français, dans: Cahiers de lexicologie 87 (2005), p. 141–161.
[47] LOT, BEC (voir n. 5), p. 155.

BENOÎT LARBIOU

Le corps médical et la race en 1930
Les usages médicaux du racialisme

Jusqu'en 1930, la race n'est que rarement utilisée comme paradigme dans le champ médical, mais comme lieu commun ou perspective. À la charnière des années 1930, les entreprises médicales tendant à instaurer une »science normale«[1], qualifiée de raciologie par-delà les labels indigènes qui participent de l'échange de coups entre agents en concurrence, se multiplient. Ces entreprises s'appuient sur des pratiques scientifiques déjà empreintes d'une certaine forme de racialisme diffus (1re partie). Il nous faut considérer, sans toutefois dénier au travail scientifique une autonomie réelle, les conditions sociales qui les rendent possibles (2e partie) et expliquent la structuration d'un proto-espace raciologique autour du paradigme racial travaillé par les agents en concurrence, et la conversion raciale des scientifiques médicaux (3e partie). L'ouverture de cet espace s'inscrit dans un processus sur le long terme qui s'ouvre au moment où les entreprises médicales de monopolisation du champ du savoir sont contrecarrées, notamment par les durkheimiens[2], et se clôt à la Libération, après que les entreprises raciologiques ont été délégitimées. Dans ce processus, 1930 apparaît comme une date charnière, en ce qu'elle signifie son accélération, mais non exemplaire et encore moins suffisante en soi pour en rendre compte. De même, l'expérience vichyste n'en constitue pas nécessairement le point d'arrivée.

DES USAGES DIFFUS DE LA RACE AUX ENTREPRISES RACIOLOGIQUES SYSTÉMATIQUES

Quoique les usages de la race varient historiquement, ils n'en constituent pas moins un enjeu global sur le long terme pour le champ médical.

DES USAGES DIFFÉRENTIELS

Lieu commun, perspective ou, marginalement, principe structurant d'une science normalisée, l'usage de la race se systématise dans les années 1930.

[1] Dans le sens développé par Thomas S. KUHN, La structure des révolutions scientifiques, Paris 1983.
[2] Laurent MUCCHIELLI, Sociologie versus anthropologie raciale. L'engagement des sociologues durkheimiens dans le contexte fin de siècle (1885–1914), dans: Gradhiva. Revue d'histoire et d'archives de l'anthropologie 21 (1997), p. 77–95; Carole REYNAUD PALIGOT, La République raciale. Paradigme racial et idéologie républicaine, 1860–1930, Paris 2006, p. 189–220.

Le lieu commun de la race sert de principe de division du monde et d'assignation identitaire. Après avoir été construit et diffusé par les anthropologues du XIXe siècle, l'ensemble de ces principes, du début du siècle aux années 1930, se passe de justification scientifique. La race est souvent mise en jeu dans des ouvrages que l'on pourrait qualifier de livres de curiosités, versions imprimées des procédés d'exposition coloniale. Plus que des publications scientifiques, ces productions relèvent d'un genre éditorial: le livre racial illustré[3]. Ce type d'exposition descriptif n'use d'aucune argumentation scientifique, se passe de référence et de concept, et témoigne de l'abandon des techniques craniologiques de définition et de distinction des races. La race est aussi utilisée dans certains espaces médicaux comme une perspective. Ainsi, l'hygiène et l'eugénisme[4] sont généralement placés sous le signe de la »défense« ou de la »conservation et amélioration de la race«. Loin de vouloir systématiser une approche scientifique, cet usage justifie, au regard d'une nécessité naturelle, l'objet de ces sciences nouvelles, qui peinent à trouver les soutiens nécessaires à leur autonomisation. Ces deux usages doxiques se passent d'une définition de la race, et n'ont pas vocation à déterminer des problèmes légitimes à résoudre et à définir des outils et protocoles appropriés. Ils n'impliquent aucun bouleversement de l'ordonnancement des relations scientifiques, ce qui peut expliquer leur usage généralisé. En effet, le ménagement des susceptibilités académiques exonère ces usages de toute opposition frontale, perceptible à l'égard des entreprises systématiques d'annexion disciplinaire[5].

Avant 1930, les seuls espaces médicaux qui usent de la race comme d'un paradigme se situent à la lisière du champ médical, à l'instar de l'École d'anthropologie ou d'une partie de l'Hygiène sociale dans les années 1925–1926. L'École d'anthropologie, en perte de vitesse, ne peut être considérée que comme une survivance d'un passé révolu, balayé par le principe de division du travail intellectuel en disciplines autonomes. Extérieure au champ médical (même si les médecins y sont nombreux), elle participe d'une histoire de l'anthropologie plus que d'une histoire des relations entre médecine et raciologie. Quant aux hygiénistes sociaux, leur adoption du paradigme racial date des années 1925–1926, à la suite d'une tentative d'annexion d'un territoire légitime d'intervention pour cette science en voie d'autonomisation, à savoir l'immigration[6]. En 1925, Léon Bernard lance cette problématique sectorielle et la justifie par le recours à la défense de la race: »L'hygiène doit revendiquer la place qu'impose le double souci

---

[3] Voir René VERNEAU, L'homme, races et coutumes, Paris 1931. Cet ouvrage est symptomatiquement édité dans la collection Histoire naturelle illustrée.
[4] Anne CAROL, Histoire de l'eugénisme en France. Les médecins et la procréation. XIXe–XXe siècle, Paris 1995, p. 137.
[5] Ainsi peut être expliquée la charge des durkheimiens, qui n'invalident pas la pertinence du concept racial, contre Vacher de Lapouge, cf. REYNAUD PALIGOT, La République raciale (voir n. 2), p. 212.
[6] Benoît LARBIOU, Connaître et traiter l'étranger. Les constructions sociales d'un savoir politique sur l'immigration (1914–1945), thèse de science politique, université de Montpellier 2003, p. 378–411.

de la santé publique et de l'avenir de la race«[7]. Ce patron de l'hygiène naissante est rapidement dépassé par des hygiénistes de terrain qui radicalisent cette perspective en se positionnant dans l'histoire de la raciologie et dans ses questionnements: le métissage et les conséquences héréditaires de l'immigration sur la substance française[8]. Les médecins raciologues, à l'instar d'Eugène Apert[9] et d'Edgar Bérillon[10], leur emboîtent le pas. En dépit des attentes des hygiénistes de terrain et des raciologues, les sommets de la médecine édulcorent leurs conclusions. Faisant fi de leurs dramatiques prophéties annonçant le »déclin de la race blanche«[11], les élites médicales restreignent la problématique à un contrôle sanitaire de l'immigration. La précocité de l'investissement raciologique de certains hygiénistes s'explique par la volonté de justifier une discipline au regard d'une nécessité naturelle, dramatisée pour l'occasion, mais aussi de bouleverser l'ordre académique des disciplines. Peinant à se modeler un espace tant dans le champ médical que dans l'ordre académique[12], les hygiénistes tentent de déplacer les frontières académiques pour créer un espace de possibilités scientifiques, surdéterminé par le facteur biologique.

Ce n'est que dans le courant des années 1930 que la race se constitue comme un paradigme, *i.e.* comme une grammaire générative de problèmes, d'outils adaptés aux problèmes ainsi définis, et inscrite dans l'histoire des sciences médicales par un »processus de sélection des prédécesseurs«[13]. L'étude systématique des revues médicales et des prises de position autorisées[14] fait apparaître que, à partir de 1928, la race devient

---

[7] Léon BERNARD, Le problème sanitaire de l'immigration, dans: Revue d'hygiène et de police sanitaire 9 (septembre 1925), p. 770.
[8] Voir ainsi certains rapports pour le compte du XIIIe congrès d'hygiène, notamment celui de Georges DEQUIDT et Georges FORESTIER, Les aspects sanitaires du problème de l'immigration en France, dans: Revue d'hygiène et de médecine préventive (1926), p. 999–1049: »Notre rapport serait fort incomplet si nos préoccupations n'allaient pas au-delà de la santé actuelle de l'immigrant: l'avenir sanitaire de l'immigré déraciné de son milieu originel pour s'adapter à la civilisation française nous intéresse autant que sa vaccination antivariolique; son potentiel redoutable ou précieux d'hérédité, son influence favorable ou pernicieuse sur la santé de la race sont aussi à déterminer que les microbes dont il est porteur«, cf. Benoît LARBIOU, Médecins hygiénistes et mise en carte des étrangers, 1925–1940, dans: Xavier CRETTIEZ, Pierre PIAZZA (dir.), Du papier à la biométrie. Identifier les individus, Paris 2006, p. 73–96.
[9] Eugène APERT, Immigration et métissage. Leur influence sur la santé de la nation, dans: Presse médicale 75 (septembre 1923), p. 1565–1569.
[10] Edgar BÉRILLON, Le péril de l'immigration et la défense de la race, chronique, dans: Presse médicale 28, 7 (avril 1926), p. 437.
[11] DEQUIDT, FORESTIER, Les aspects sanitaires (voir n. 8), p. 1001–1003.
[12] Benoît LARBIOU, René Martial (1873–1955): de l'hygiénisme à la raciologie, une trajectoire possible, dans: Genèses 60 (septembre 2005), p. 98–120.
[13] C'est-à-dire le prélèvement »dans le passé de la discipline des ressources considérées comme pertinentes pour une action sur son présent«, cf. Christian TOPALOV, Les usages stratégiques de l'histoire des disciplines. Le cas de l'»école de Chicago« en sociologie, dans: Johan HEILBRON, Remi LENOIR, Gisèle SAPIRO (dir.), Pour une histoire des sciences sociales. Hommage à Pierre Bourdieu, Paris 2004, p. 127.
[14] Pour une analyse exhaustive des prises de position médicales et des revues médicales et hygiénistes, cf. LARBIOU, Connaître et traiter (voir n. 6).

une entrée socialement reconnue des discours médicaux, une occurrence légitimement indexée, ainsi qu'un thème mobilisable et une question à résoudre. Dès lors, les analyses raciologiques parrainées par les élites médicales pénètrent les centres médicaux. Les usages communs constituent la matrice des entreprises systématiques parce qu'elles banalisent le recours à la race et sont convertibles scientifiquement. Ainsi en 1936, Alexis Carrel menant sa propre entreprise scientifique (voir *infra*) préface l'ouvrage d'Arthur Vernes et intègre, jusque dans le titre de l'ouvrage, la lutte contre la syphilis à la politique de »défense de la race«, alors que Vernes n'y fait aucunement référence. Mais les usages communs constituent une ressource paradoxale: s'ils mettent sur le marché des ressources mobilisables, ils contraignent les raciologues, lancés dans un processus de construction de frontières entre professionnels et profanes, à une stratégie de »veille aux frontières«[15]: »Beaucoup trop de littérateurs, de journalistes, d'hommes politiques, voire même de savants, emploient le mot ›race‹, sans aucunement savoir ce qu'il désigne, ce qu'il signifie«[16].

LES ENJEUX MÉDICAUX DE LA RACE

Les entreprises raciologiques médicales déterminent un principe de structuration et de hiérarchisation des sciences qui concurrence le modèle de relations scientifiques construit à la fin du XIXe siècle. Ce modèle entend ranger les sciences humaines derrière la métascience de la race. Les raciologues promeuvent un nouveau »régime intellectuel«[17], dont l'objectif est de contrecarrer le processus de disciplinarisation et d'autonomisation des sciences. Cette entreprise constitue une revanche sur la structuration du champ académique et réactive les velléités médicales de surdétermination des sciences humaines. Carrel, dans son projet de 1936 de constitution d'un »centre de recherches pour l'amélioration de la race humaine«[18], définit les contours d'une compétence scientifique et un principe de division du travail scientifique. Carrel recourt à deux idéaltypes incarnés de chercheurs. Le premier, *Homo academicus*, qui représente la disciplinarisation« des sciences, est assimilé à un »travailleur«, »technicien« incapable de manier les biens symboliques et relégué au bas de la hiérarchie de la division du travail scientifique. Le deuxième type rassemble les »vrais savants, c'est-à-dire des hommes à esprit synthétique. Ces hommes sont très rares aujourd'hui«. Ceux-ci, »ca-

---

[15] José Luis MORENO PESTAÑA, En devenant Foucault. Sociogenèse d'un grand philosophe, Boissieux 2006.
[16] René MARTIAL, La race française, Paris 1934, p. 7.
[17] Le »régime intellectuel« est une »constellation peu ou prou durable de producteurs culturels«. Ils »peuvent être caractérisés par leur degré d'autonomie, leur degré de différenciation et le type de hiérarchie interne«. Cf. Johan HEILBRON, Naissance de la sociologie, Marseille 2006, p. 24.
[18] Cité par Alain DROUARD, La fondation française pour l'étude des problèmes humains. Contribution à l'histoire des sciences sociales en France, thèse de sociologie, université Paris IV 1989, tome III, p. 185.

pables de comprendre plusieurs sciences à la fois«, se recrutent »surtout parmi les médecins«: »Seuls de tels esprits sont capables de s'élever, des sciences de l'homme à la science de l'homme«. De même, Martial entend reformer une synthèse biosociologique sur la base d'une disqualification des disciplines académiques (auxquelles en passant il associe l'anthropologie classique) et de leur paradigme sectoriel:

L'erreur des anthropologues purs est de ne connaître la question des races que sous l'angle des indices céphaliques, comme celle des historiens est de ne connaître que les faits historiques parfois peu sûrs, qu'ils interprètent selon leurs sentiments, comme celle des psychologues est d'oublier l'histoire et la biologie[19].

Les entrepreneurs raciologiques justifient leur positionnement non seulement scientifique, mais aussi politique et normatif. Les sciences de la race se veulent normatives: elles déterminent des principes d'agencement de la société, elles distribuent des propriétés en fonction des essences et substances qu'elles produisent, elles assignent des identités et modélisent des politiques de »prophylaxie raciale« et de correction thérapeutique. Via la »biocratie«[20], le médecin fait œuvre de nature, corrige les errements individuels et sociaux, et restaure la Loi naturelle, celle de l'évolution contre la »sélection à rebours«[21]. Renforcées par les enjeux médicaux contemporains, les entreprises raciologiques réactivent le mythe du médecin législateur et le principe du biopouvoir par lequel »il ne s'agit plus de faire jouer la mort dans le champ de la souveraineté, mais de distribuer le vivant dans un domaine de valeur et d'utilité«[22]. L'enjeu principal de la race pour les médecins, quels que soient les usages qu'ils font de celle-ci, est de justifier un pouvoir médical, tout à la fois politique, social et intellectuel, et de naturaliser un positionnement entre »les savoirs et les pouvoirs«[23]. L'usage de la race permet de subsumer la nécessité de l'intervention médicale, de construire le caractère prophétique des analyses médicales (face au spectre de la »dégénérescence« ou du »déclin de la race blanche«) ainsi que le caractère messianique de leur intervention. Mais cet enjeu se présente différemment. À l'orée du siècle, la »scientificité proclamée [du paradigme racial] participe de la lutte anticléricale et du refus de la tradition biblique monogéniste«[24]. En revanche, dans les années 1930, les médecins mènent une lutte pour la conservation des attributs sociaux de la notabilité et pour la maîtrise de la reproduction médicale (cf. 2e partie). Quoique ces enjeux se déclinent différemment

---

[19] MARTIAL, La race française (voir n. 16), p. 305.
[20] Prônée par Édouard Toulouse (1865–1945), hygiéniste, eugéniste et psychiatre, dans le Progrès civique, cité par Alain DROUARD, Alexis Carrel (1873–1944). De la mémoire à l'histoire, Paris 1995, p. 149
[21] Jacques LAUMONIER, La sélection à rebours, dans: Gazette des hôpitaux (1912), p. 947.
[22] Michel FOUCAULT, La volonté de savoir, Paris 1976, p. 189.
[23] Cf. Jacques LÉONARD, La médecine entre les savoirs et les pouvoirs, Paris 1981.
[24] Christophe CHARLE, Préface, dans: REYNAUD PALIGOT, La République raciale (voir n. 2), p. XIII–XXII, ici XVI–XVII. Dans le même sens, cf. Claude BLANCKAERT, Les usages de l'anthropologie, dans: ID. (dir.), Les politiques de l'anthropologie. Discours et pratiques en France (1860–1940), Paris 2001, p. 21.

suivant que l'on a à faire à des entreprises de justification disciplinaire ou de naturalisation d'une position notabiliaire et de fermeture de la profession, suivant la position des entrepreneurs, suivant même la période considérée, ils n'en sont pas moins congruents quant à leur effet: construire la naturalité de la race.

S'insérant dans les enjeux médicaux contemporains, ces entreprises renouent avec les entreprises médicales de monopolisation des sciences de l'homme et offrent, autant qu'elles créent, les conditions de légitimation d'une intervention médicale normative et politique.

LES CONDITIONS DE POSSIBILITÉ DE L'OUVERTURE D'UN PROTOESPACE RACIOLOGIQUE

Si l'on considère l'importante autonomie du champ médical[25], l'ouverture de cet espace entretient un rapport étroit avec l'état des tensions médicales spécifique à ces années, même si nous ne devons pas perdre de vue l'enjeu sur le long terme que constitue la race pour le corps médical. Ces tensions justifient les soutiens aux entreprises raciologiques et expliquent le ralliement d'une partie des médecins et des élites médicales. Elles autorisent et légitiment une perception du monde racialisante et sa scientifisation progressive. La régression sur des modèles d'explication raciologique entretient une relation avec plusieurs problématiques sectorielles qu'elle justifie par nature. La race forme la matrice des discours qui permettent d'ordonnancer les explications des phénomènes sociaux touchant le champ médical et de justifier les stratégies collectives[26]. Cette insistance sur l'autonomie du champ ne doit pas conduire à sous-estimer les relations qu'établissent les entreprises raciologiques avec le reste de l'espace social[27]. Mais le rôle de la crise des années 1930 dans le renforcement d'une »configuration raciste«[28] ne peut expliquer à lui seul les entreprises raciologiques médicales tant celles-ci sont liées, de par leur fonctionnement, leur mode de perception, leur registre de justification et la trajectoire de ses entrepreneurs, au champ médical. Si la crise offre d'indéniables ressources externes pour les investissements raciologiques, elle ne détermine pas l'ouverture d'un champ de possibilités pour ces investissements.

---

[25] Cette autonomie du champ médical se caractérise par un droit d'entrée unique et une maîtrise interne de la reproduction (cf. Pierre BOURDIEU, Science de la science et réflexivité, Paris 2001 [Cours et Travaux], p. 138), des »règles du jeu et enjeux spécifiques, irréductibles aux règles du jeu et enjeux des autres champs« (cf. Bernard LAHIRE, Champ, hors-champ, contrechamp, dans: ID. [dir.], Le travail sociologique de Pierre Bourdieu. Dettes et critiques, Paris 2001 [Sciences humaines et sociales, 110], p. 24).
[26] Voir infra, dans le chapitre »Raciologie et logique de corps«.
[27] Voir infra, dans le chapitre »Le crédit social et politique de la raciologie médicale en temps de crise«.
[28] Claude LIAUZU, La société française face au racisme. De la Révolution à nos jours, Paris 1999, p. 99–108.

RACIOLOGIE ET LOGIQUE DE CORPS

L'éclosion et le développement de la raciologie médicale sont contemporains des luttes médicales en faveur d'une fermeture de la profession et de la protection de ses attributs sociaux. La raciologie fournit un ordre justifiable aux revendications médicales ainsi qu'une montée en généralité qui subsume le simple caractère corporatiste des revendications.

Face au processus de socialisation de la médecine[29], qui franchit une étape supplémentaire avec la loi sur les assurances sociales du 5 avril 1928, puis face à la montée de la crise en 1934, les médecins opposent une logique de corps. L'unification syndicale, impossible jusqu'alors, s'opère, préfigurant, dès après le congrès d'unification de décembre 1928, la création d'un ordre corporatif[30]. La création de la Confédération des syndicats médicaux constitue le premier pas de l'homogénéisation et du »marquage des frontières«[31] du champ médical à l'encontre des »machines de guerre dirigées contre le corps médical«[32] que sont les caisses d'assurance maladie. L'enjeu consiste à sauvegarder la relation de face-à-face par laquelle le médecin est libre de définir son traitement thérapeutique et le montant des honoraires en imposant un interlocuteur corporatif unique. D'autre part, afin de défendre ce bien rare que constitue la »clientèle aisée«[33], pour laquelle ne s'appliquent pas les lois sociales, et du fait de la crise, qui après 1934 réduit les capacités financières des classes moyennes, les médecins revendiquent une maîtrise de la reproduction professionnelle, afin de réduire l'offre médicale au regard de la baisse de la demande solvable. Cette lutte prend la forme d'un malthusianisme professionnel et d'un eugénisme sectoriel. Les médecins vouent aux gémonies la »pléthore médicale« par laquelle s'opère une baisse du nombre de »malades éventuels par médecins«[34]. Les instances médicales entendent exclure ceux qui ne sont pas disposés à l'exercice médical et qui vicient la qualité de cet exercice, assimilé à un art relevant de la vocation sacerdotale d'une élite[35]. Cette qualité n'est pas transmissible par voie acquisitive mais par prédisposition et vocation héréditaires:

---

[29] Jacques LÉONARD, La vie quotidienne du médecin de province au XIXe siècle, Paris 1977, p. 132.
[30] Cf. la déclaration de l'assemblée générale de la Confédération des syndicats médicaux du 2 juin 1929, dans: Le Médecin de France (1929), p. 300, 381–392.
[31] Luc BOLTANSKI, Les cadres. La formation d'un groupe social, Paris 1982, p. 149.
[32] Assemblée générale de la CSM du 21 décembre 1930, dans: Le Médecin de France 1 (janvier 1931), p. 2.
[33] Victor BALTHAZARD, La naissance de la Confédération des syndicats médicaux français, article introductif de la nouvelle revue de la Confédération, dans: Le Médecin de France 1 (1929), p. 1–3.
[34] Émile SERGENT, La pléthore médicale: ses causes, ses dangers, ses remèdes, article de 1931, dans: La formation intellectuelle et morale des élites, Paris 1943, p. 214.
[35] Paul DESFOSSES, L'élite doit se reconstruire, dans: Presse médicale 6 (janvier 1936), p. 123–125.

Pour faire un médecin digne d'exercer sur le sol français, il faut une longue hérédité nationale, il faut avoir des parents et des grands-parents enracinés depuis longtemps [...]. C'est une lente formation héréditaire qui a fait du médecin français une inoubliable figure de haute civilisation[36].

À l'encontre de la »dégénérescence« de la profession, afin de maintenir l'élite[37], il importe d'interdire l'accès à la profession à ceux qui n'y sont pas disposés, ceux qui, important des propriétés essentielles nationales, l'intéressement et le mercantilisme[38], nient le »sacerdoce« médical et son *ethos*: »Ils nous apportent un état d'esprit et des façons de procéder qui ne sont pas les nôtres; qu'ils fassent du négoce ou de la banque [...], mais pas de la médecine«[39].

Après avoir tenté d'instaurer des barrières scolaires afin d'éviter l'introduction des premiers bénéficiaires de la démocratisation scolaire[40], les instances médicales en viennent à s'attaquer d'abord aux étrangers (la loi Armbruster du 29 février 1932 réserve l'exercice de la médecine aux seuls nationaux) puis aux naturalisés (la loi Cousin-Nast du 16 juillet 1935 conditionne l'exercice de la médecine publique pour les naturalisés à un »stage« de 5 ans). Entre 1932 et 1935 un virage est consommé. Des conditions de papier (scolaire et/ou national) nécessaires à l'entrée dans la médecine, on passe à des conditions d'entrée de type essentialiste: le papier de naturalisation ne serait effectif que si le naturalisé a réellement assimilé ce qui fait »l'essence médicale française«. En quelques années, les médecins sont autorisés à faire le procès de la naturalisation des médecins (circulaire du 1er janvier 1936) puis, en 1938, par montée en généralité, à se prononcer sur les conditions générales de la naturalisation. Certains promoteurs sont légitimés dans leur entreprise de définition des conditions générales d'une »saine immigration« au regard des propriétés et des corps étrangers et de la substance française, comme en témoigne l'accession de René Martial à un cours libre d'anthropobiologie des races à la faculté de médecine de Paris en 1938[41]:

La raciologie fournit à ces revendications sectorielles un ordre structuré et justifiable. Elle détermine un principe organique, héréditariste et fixiste, d'agencement du monde mobilisable par les médecins. Par ailleurs, le processus qui conduit les médecins à s'intéresser aux conditions de naturalisation autorise en retour les questionnements raciologiques sur la substance française et le métissage. Ainsi en 1938–1939, pour les porte-parole médicaux, dans les projets de »normalisation de la race«, »il n'y

---

[36] BOSC, Les mercenaires à l'assaut de la médecine, dans: Paris médical (1930), p. 288–292.
[37] DESFOSSES, L'élite (voir n. 35).
[38] Paul CIBRIE, Nous ne sommes pas xénophobes, propos de la quinzaine, dans: Le Médecin de France (15 avril 1930), p. 301–302.
[39] ID., Nous en avons assez!, dans: Le Médecin de France (6 mai 1938), p. 431.
[40] L'objectif de la CSM est d'interdire l'entrée de la médecine aux candidats disposant d'un baccalauréat scientifique, au profit des candidats issus des baccalauréats latin et latin-grec. La valorisation du latin-grec équivaut à une valorisation du capital culturel hérité et à un rétrécissement social du droit d'entrée.
[41] LARBIOU, René Martial (voir n. 12), p. 111.

a rien qui puisse paraître anormal«[42]. »Depuis qu'Hitler a introduit en Allemagne la doctrine de l'aryanisme, et que la France est envahie par les réfugiés de tous les pays, la question des races et celle de l'immigration se posent de façon troublante et donnent lieu à des études d'anthroposociologie passionnantes«[43].

LE CRÉDIT SOCIAL ET POLITIQUE
DE LA RACIOLOGIE MÉDICALE EN TEMPS DE CRISE

Pour les classes moyennes et les professions libérales fragilisées et déclassées par la crise, la raciologie fournit un répertoire d'arguments légitimes, mobilisables dans leur lutte contre les entreprises ouvrières[44]: elle naturalise un ordre social, des positions sociales menacées de déclassement et un principe naturel de division/hiérarchisation de la société. Elle recode la situation sociale en faisant de la guerre des classes une guerre des races. La résistance au mouvement social ne relève pas d'une prise de position politique justifiée par la défense d'un ordre social, mais d'un combat objectif, organique, contre les facteurs de »déclin de la grande race«[45]. Les entreprises d'extrême droite vont jouer tant sur les ressentiments médicaux que sur les analyses raciologiques, afin de trouver des soutiens médicaux et d'étayer leur principe d'agencement social. Ainsi, en 1937, l'Académie de médecine demande l'instauration d'un examen médical préalable à l'opération de naturalisation »mentionnant l'absence complète de toutes maladies ou de tares organiques«[46]. Cette expertise, qui participe de la montée en généralité sur la question des naturalisations, objective la perception d'une substance française menacée par des corps étrangers, potentiellement pathogènes de par leur hérédité différentielle. Ces caractéristiques expliquent que le rapport de l'Académie ait pu être mobilisé au conseil municipal de Paris par le docteur Torchaussé

---

[42] J. H. LEMOINE, chronique de l'ouvrage de Banu, »L'hygiène de la Race«, dans: Presse médicale 16 (25 février 1939), p. 318.

[43] Julien NOIR, Les races et l'immigration, dans: Concours médical 26 (26 juin 1938), p. 1763.

[44] Gérard NOIRIEL, Immigration, antisémitisme et racisme en France (XIXe–XXe siècle). Discours publics, humiliations privées, Paris 2007, p. 435–438.

[45] Ainsi en est-il de l'usage stratégique par Georges VACHER DE LAPOUGE dans sa préface de Madison GRANT, Le déclin de la grande race, Paris 1926: »Le mouvement social n'est autre chose que la révolte des éléments rebelles à la civilisation [...] conservant les instincts ancestraux et haïssant de toute la force de ces instincts ceux qui les empêchent de vivre en primitifs« (p. 19). Voir: Benoît MASSIN, Lutte des classes, lutte des races, dans: Claude BLANCKAERT (dir.), Des sciences contre l'homme. Volume I: classer, hiérarchiser, exclure, Paris 1993 (Sciences en société, 8), p. 127–143. Dans le même sens: Edgar BÉRILLON, Les antagonismes de partis de droite et de gauche ne sont que des luttes de races, dans: Revue de psychologie appliquée 7 (juillet 1927), p. 97–98.

[46] Émile SERGENT, Jules RENAULT, Louis TANON, Rapport sur l'examen médical des candidats à la naturalisation, dans: Bulletin de l'Académie de médecine (1937), tome I, p. 88–89.

à l'appui d'une harangue de Darquier contre la »youpinisation définitive de la France«[47].

L'ensemble des soutiens externes fournit des ressources non négligeables aux entreprises raciologiques, mais celles-ci n'arrivent que tardivement, dans les années 1936–1938. Paradoxalement, ces soutiens contribuent à politiser la raciologie, à l'ancrer à l'extrême droite, et, par conséquent, à spécifier une rupture entre ces analyses et les discours qui avaient pu jusque-là s'adosser à cette science. La raciologie, sous le coup des critiques menées notamment par la Ligue des droits de l'homme et la revue »Races et racisme«, se radicalise et perd ses soutiens modérés.

PROLÉGOMÈNES D'UNE STRUCTURATION D'UN ESPACE RACIOLOGIQUE

Se structure dans les années 1930 un espace de positions raciologiques et de prises de position scientifiques.

LA STRUCTURATION DE L'ESPACE RACIOLOGIQUE

Se met en place en 1930 un espace de relations entre raciologues, qui pèsera sur la structuration de l'espace pendant la période vichyste. Deux médecins vont incarner et préfigurer la polarisation de l'espace, les docteurs Montandon et Martial. Cette occupation ne tient pas tant à leur personnalité qu'à leur trajectoire qui définit le type de ressources mobilisables, le crédit qu'ils mettent en jeu et les soutiens dont ils disposent. Leur investissement précoce et leurs ressources expliquent qu'ils aient pu baliser l'espace et former des pôles d'attraction et de référence autour desquels viennent se ranger ceux qui investissent ce domaine.

René Martial[48] et George Montandon[49] font figure d'associés rivaux, associés au regard de la raciologie qu'ils promeuvent et rivaux au regard d'une position de patron, régulateur des ressources raciologiques, qu'ils convoitent. La rivalité devient perceptible en 1933–1934 entre ces deux agents qui, quoique adossés à des stocks de ressources et à des héritages différents, n'en participent pas moins à l'École d'anthropologie de Paris, seule instance à pouvoir mettre en jeu des ressources stables pour ceux qui se réclament de la raciologie. En 1933–1934, Martial et Montandon s'opposent par livres interposés sur la question de la substance française, qualifiée pour l'un de »race fran-

---

[47] Conseil du 7 avril 1938, cité par Michaël R. MARRUS, Robert O. PAXTON, Vichy et les Juifs, Paris 2004, p. 395.
[48] LARBIOU, René Martial (voir n. 12).
[49] Marc KNOBEL, L'ethnologue à la dérive. George Montandon et l'ethnoracisme, dans: Ethnologie française 2 (avril–juin 1998), p. 107–113; Pierre BIRNBAUM, La France aux français. Histoire des haines nationalistes, Paris 1993, p. 187–198.

çaise«[50] et pour l'autre d'»ethnie française«[51]. Ces deux livres donnent à voir la stratégie de distinction[52] qu'ils mettent en œuvre pour affirmer leur position de patron et modeler la science de la race en fonction de leur compétence propre, et de leurs soutiens qui sont autant de soutiens directs que de supports à leur crédit scientifique. Afin de s'insérer dans l'histoire de la raciologie française et d'incarner l'héritage de l'École d'anthropologie de Paris, tous deux font référence à Broca. En revanche, Martial s'appuie sur les analyses de Vacher de Lapouge[53] tandis que Montandon s'appuie sur des auteurs allemands et italiens (notamment Daniel Rosa, auquel il emprunte le concept d'ologenèse). S'ils luttent pour pouvoir bénéficier de l'héritage de l'École d'anthropologie, ils s'opposent dans l'usage qu'ils font, pour l'un, d'un héritage français, et, pour l'autre, d'un héritage international. Martial mobilise les autorités médicales et hygiénistes. Ses ouvrages[54] sont présentés à l'Académie de médecine par le professeur Jules Renault en 1931[55], et, en 1935, par le professeur Édouard Jeanselme[56]. Ses productions sont diffusées et élogieusement chroniquées par les revues médicales et hygiénistes auxquelles il participe ou a participé[57]. Montandon, généralement oublié des instances médicales, mobilise les autorités d'un réseau international ethnologique (Georges Hervé) et naturaliste (Joseph Deniker). Il tend à construire un espace de relations entre les deux disciplines que sont l'ethnologie et l'anthropologie considérées comme homothétiques, se positionnant ainsi dans les deux disciplines tout en veillant à leurs frontières respectives[58].

Adossés à des traditions différentes, ces deux auteurs jouent des ressources à leur disposition en tentant de contraindre le jeu pour se modeler un espace idoine, l'ethnologie somatique pour Montandon et l'anthropo-sociologie pour Martial.

PROBLÈMES ET MÉTHODES

Malgré les stratégies diverses des prétendants, la logique raciale qui les unit impose des modalités communes d'échanges de coups, qui accréditent une forme d'orthodoxie

---

[50] MARTIAL, La race française (voir n. 16).
[51] George MONTANDON, L'ethnie française, Paris 1935.
[52] George Montandon introduit son ouvrage (voir n. 51) de la façon suivante: »Parler de race française, c'est ne pas savoir ce qu'est une race. Il n'y a pas de race française. Il y a une ethnie française« (ibid., p. 9). L'attaque est ici évidente à l'endroit de Martial, qui a publié l'année précédente son ouvrage »La race française«.
[53] René MARTIAL, Race, hérédité, folie. Étude d'anthropo-sociologie appliquée à l'immigration, Paris 1938, p. 27.
[54] MARTIAL, Traité de l'immigration et de la greffe inter-raciale, Paris 1931; ID., La race française (voir n. 16).
[55] Académie de médecine, séance du 30 janvier 1931.
[56] Séance du 8 janvier 1935, dans: Bulletin de l'Académie de médecine (1935), tome I, p. 8–9.
[57] LARBIOU, Connaître et traiter (voir n. 6), p. 461–463; ID., René Martial (voir n. 12).
[58] Voir les deux ouvrages publiés respectivement en 1933 et 1935, George MONTANDON, La race, les races. Mise au point d'ethnologie somatique, Paris 1933; ID., L'ethnie française (voir n. 51).

disciplinaire autour de méthodes et de problèmes communs quoiqu'ils soient agencés différemment, et d'un répertoire limité de données scientifiques légitimement mobilisables.

PROBLÈMES

Deux principaux problèmes dirigent les premières études raciologiques et en forment l'ossature: le métissage et la substance française. Ces problèmes s'inscrivent dans l'agenda politique et scientifique, en fonction de problèmes déjà posés par les sciences raciologiques.

Le problème du métissage, »sujet favori des anthropologistes«[59], s'insère dans la réflexion menée par les médecins hygiénistes en 1924–1926 sur le contrôle sanitaire des immigrants et de leur »potentiel d'hérédité redoutable«[60]. Il profite par ailleurs des entreprises protéiformes tendant à un contrôle plus serré de l'immigration, lesquelles émanent tant du champ médical que de l'ensemble de l'espace social[61]. L'objectif visé est d'éviter – ce qui devient dans ces années un lieu commun, mais qui est ici utilisé scientifiquement – »l'abâtardissement de la race«. Il s'agit tout d'abord de lutter contre ce que le docteur René Martial appelle la »lutte des sangs«: l'immigration est perçue comme une »transfusion« qui doit obéir aux lois médicales, à défaut de quoi la nation s'expose à une prolifération des »déchets sociaux« (délinquants et malades mentaux[62]). Cette perception médicale, renforcée par la sérologie, naturalise une métaphore souvent utilisée par les milieux populationnistes. En second lieu, cette entreprise se veut être un moyen d'éviter, du point de vue de la »santé superficielle« de la nation, l'importation de maladies, mais d'éviter aussi, du point de vue de sa »santé profonde«[63], que les étrangers n'importent des maladies héréditaires[64]. Par là même, en troisième lieu, se développe une réflexion sur l'importation par les étrangers de dispositions par trop lointaines des dispositions nationales. Contre la »dégénérescence« de »l'excellence française«, les raciologues prônent une limitation de la transmission de caractères indésirables et une protection de ceux qui sont culturellement, voire naturellement, disposés[65]. Certains entrepreneurs médicaux entendent choisir les étrangers en

---

[59] Eugène APERT, Immigration et métissage. Leur influence sur la santé de la nation, dans: Presse médicale 74 (septembre 1923), p. 1566.

[60] Voir n. 11.

[61] Cf. Ralph SCHOR, L'opinion publique et les étrangers, 1919–1939, Paris 1985; LARBIOU, Connaître et traiter (voir n. 6); NOIRIEL, Immigration, antisémitisme (voir n. 44), p. 361–465.

[62] »La folie héréditaire est un des résultats de ce choc des sangs«, René MARTIAL, Métissage et immigration, dans: Presse médicale 85 (octobre 1937), p. 1493–1498.

[63] »Des malades immigrants dans les hôpitaux: santé superficielle, des naissances de dégénérés, de fous, ou d'une mentalité simplement non assimilable: santé profonde de la nation, de la race. En immigration, la santé profonde est de beaucoup la plus importante, puisqu'elle engage l'avenir du pays«, René MARTIAL, L'immigration et la santé publique, dans: La science médicale pratique (1933), p. 630.

[64] LARBIOU, Médecins hygiénistes (voir n. 8).

[65] Pour un chroniqueur médical, l'immigration constitue »un danger, car elle introduit dans la race des éléments qui n'en possèdent pas les caractères héréditaires et qui ne sont pas élevés

fonction de la proximité de leurs dispositions et interdire aux étrangers l'exercice des fonctions sociales et professionnelles qui fondent »l'excellence française«, aux premiers rangs desquelles les fonctions médicales et juridiques, mais, pas avant qu'ils n'aient assimilé biologiquement les dispositions nationales.

La deuxième problématique concerne le caractère de la substance française et sa place dans la hiérarchie des races. Contrairement à la raciologie du XIXe siècle, ce qui intéresse les raciologues n'est pas tant l'altérité des autres peuples que l'identité de la France. Le regard raciologique se retourne donc des »sauvages« et »barbares« de l'extérieur vers ceux de l'intérieur. Face aux constats de »dégénérescence« des races dominantes, le discours racial offre un moyen de justifier par nature le rang et les frontières de la France, ainsi qu'une perspective pour sauver sa substance, face aux prétentions hégémoniques allemandes et aux vagues d'immigration. Ce droit opposable de l'unité française suppose un travail d'homogénéisation biologique ou psychologique de l'identité française[66].

Se pose alors la question de la nature de la substance nationale. Doit-elle être qualifiée de race ou d'ethnie? Cette substance se présente-t-elle pure ou mélangée? La réponse à la première question, qui oppose Martial à Montandon, dépend des méthodes d'analyse. Pour Martial, l'anthropologie étant une synthèse biosociologique, l'objet d'analyse, l'unité française, tout à la fois unité historique, biologique et psychologique, est une race. Pour Montandon, l'unité culturelle et psychologique française forme un objet d'analyse ethnologique distinct de l'anthropologie. En revanche, à la seconde question la réponse est unanime: la substance française n'est pas pure[67], mais une »race résultat«, précipité actuel de différents mélanges raciaux, conséquence »kaléidoscopique«[68] d'un mélange de types raciaux. L'on mesure ici la participation de ces savants à la défense du »complexe de supériorité superlatif«[69], unis par la nécessité de préserver la raciologie française des prétentions impérialistes des promoteurs de la race pure allemande[70] et de pouvoir affirmer que »la race française pourrait émettre d'aussi valables prétentions à l'hégémonie spontanée des peuples européens«[71]. Quoiqu'elle

comme des fils de chez nous«, Lucien NASS, Une politique de la natalité, dans: L'Hygiène sociale 20 (septembre 1929), p. 323.

[66] Voir infra, dans le chapitre »Méthodes«.
[67] Pour Martial, la »mystique de la race pure [est] évidemment fausse«, MARTIAL, La race française (voir n. 16), p. 295.
[68] MONTANDON, L'ethnie française (voir n. 51), p. 227.
[69] Christophe CHARLE, La crise des sociétés impériales. Allemagne, France, Grande-Bretagne 1900–1940. Essai d'histoire comparée, Paris 2001, p. 18.
[70] George Montandon assure la publication française et la préface de l'ouvrage de Franck H. HANKINS, intitulé: La race dans la civilisation. Critique de la doctrine nordique, Paris 1935. Pour Montandon, l'objet du livre est de combattre »la marée montante d'adulation du type dolichocéphale blond« (p. 11).
[71] CAMBASSEDES, chronique de l'ouvrage »La race française«, dans: Annales d'hygiène publique (1935), p. 496. Pour les autres chroniques: Paul DESFOSSES, Le destin de la race blanche, dans: Presse médicale 58 (juillet 1935), p. 1165; ID., dans: Presse médicale 91 (novembre 1935), p. 1790.

soit un alliage, cette substance est une et elle doit être protégée contre toute dégénérescence, ou »abâtardissement«, intrinsèque (»sélection à rebours«, dépopulation) et extrinsèque (»métissages dysharmoniques«). Ainsi que l'affirme Montandon, »la race pure ne représente pas un passé mais un devenir«[72], et Martial d'ajouter qu'elle »peut se reconstituer«[73]. Le raciologue devient le »dictateur à la race«[74], l'agent de remise en ordre de l'identité française, »le gardien de la substance biologique de son peuple«[75], et rejoint les préoccupations nationalistes, ouvrant la voie à un échange réciproque de ressources.

MÉTHODES

Les raciologues médicaux vont tenter de surmonter l'aporie à laquelle était parvenue la raciologie de la fin du XIXe siècle, incapable d'ancrer ses principes de vision et de division sur des critères purement biologiques et anatomiques[76]. Ils construisent une nouvelle synthèse qui se doit de surmonter la délégitimation de ce qui a constitué le mythe instrumental structuré et structurant de la raciologie: la craniologie. Elle doit par ailleurs organiser et intégrer rationnellement les nouvelles données scientifiques médicales issues de la sérologie et de l'ethnologie culturelle, selon deux modèles: l'anthroposociologie et l'ethnologie somatique.

La configuration de l'anthropo-sociologie de René Martial découle de sa définition de la race, abondamment déclinée dans ses ouvrages postérieurs[77]: »On appelle race l'ensemble d'une population dont les caractères psychologiques latents ou manifestes (langue en particulier) et les traits anthropo-biologiques constituent, dans le temps, une unité distincte«[78].

Martial mobilise les acquis de l'anthropobiologie, la craniologie et la sérologie. Mais, inscrit dans le sens de l'histoire de la raciologie, il participe de la décentration du regard anthropologique: les éléments craniologiques sont ›relégués au second plan‹, du fait de la variation des types craniologiques et de l'imprécision des échelles de typification. En revanche, la sérologie permet de sortir la raciologie de l'aporie à laquelle elle était parvenue à la fin du XIXe siècle[79], grâce à la découverte du »parallélisme céphalo-hématique«[80], c'est-à-dire d'un »rapport constant entre l'indice céphalique et

---

[72] MONTANDON, La race, les races (voir n. 58), p. 112.
[73] MARTIAL, La race française (voir n. 16), p. 291.
[74] René MARTIAL, Les métis, Paris 1942, p. 158.
[75] Hans REITER, La biologie dans la gestion de l'État, conférence à la Maison de la chimie, 10 mars 1941, dans: Le progrès médical 21/22 (24 mai 1941), p. 395–397.
[76] Claude BLANCKAERT, La crise de l'anthropométrie: des arts anthropotechniques aux dérives militantes, dans: ID. (dir.), Les politiques de l'anthropologie (voir n. 24), p. 125–127; REYNAUD PALIGOT, La République raciale (voir n. 2), p. 82.
[77] MARTIAL, Les métis (voir n. 74), p. 9; ID., Notre race et ses aïeux, Paris 1943.
[78] ID., La race française (voir n. 16), p. 295.
[79] Voir aussi, Eugène APERT, Les groupes sanguins et leur rapport avec les races, dans: Presse médicale 101 (décembre 1928), p. 1619–1621.
[80] René MARTIAL, La biologie en anthropologie. Nouvel élément de définition de la race, dans: Concours médical 43 (octobre 1935), p. 2974–2976.

les groupes sanguins«. La distinction européenne fondée sur les crânes des brachycéphales et des dolichocéphales recoupe la »frontière des sangs« séparant les races d'origine O des races d'origine A[81]. Martial convoque les analyses et le crédit scientifique du docteur Nicolas Kossovitch, du docteur René Dujarric de la Rivière et de l'activité de leur Centre d'étude des groupes sanguins[82]. La sérologie représente un important capital de notoriété internationale et de crédibilité scientifique mobilisable, d'autant plus que ces auteurs affirment que »la découverte des groupes sanguins aura permis [...] d'élucider un certain nombre de questions d'anthropologie«, à savoir: établir une »corrélation entre les groupes sanguins et les principaux caractères somatiques« et »différencier des peuples que les données anthropologiques seules sont impuissantes à caractériser«[83]. Enfin, Martial mobilise les données de l'histoire ethnique et intègre le secteur le plus vivace de la raciologie, la psychologie ethnique, car, »c'est par sa psychologie, par sa mentalité, par ses habitudes mentales et spirituelles qu'un peuple se distingue d'un autre encore plus que par ses caractères anatomiques et historiques«[84].

En 1933, Montandon se fend d'une »mise au point d'ethnologie somatique«. Cet ouvrage a vocation à intégrer et à ordonner les différents acquis raciologiques dans une entreprise systématique et à ouvrir un programme de recherches raciologiques autour de six critères[85]. Les deux premiers critères relèvent d'une analyse superficielle, de la complexion (couleur des yeux, de la peau et des cheveux) et du faciès. Avec l'analyse des proportions, Montandon, à l'inverse de Martial, renoue avec la pierre angulaire de la raciologie classique, la craniologie, ce qui lui permet de convoquer le crédit attaché aux maîtres anciens: »l'analyse des dimensions et des proportions du vivant et du squelette représente la majeure partie de l'activité anthropologique«[86]. Il fait par ailleurs appel à l'anatomie, via la dissection, tout en concédant que »l'étude anatomique raciale en est à ses débuts«. Vient ensuite l'étude du sang, lequel »du point de vue raciologique, est le domaine le plus nouveau de l'anthropologie«[87]. Et Montandon de convoquer, au même titre que Martial, les recherches des docteurs Dujarric et Kossovitch. Enfin, Montandon s'inscrit dans les problématiques ouvertes par la physico-psychologie, notamment par Georges Papillaut à l'École d'anthropologie.

Quoique lancés tous deux dans une stratégie de distinction, leurs emprunts et référencements croisés, tout concis qu'ils soient, et l'utilisation commune des sources

---

[81] Cf. carte, p. 129.
[82] René DUJARRIC DE LA RIVIÈRE, Nicolas KOSSOVITCH, Les groupes sanguins en anthropologie, dans: Annales de médecine légale 4 (1934), p. 275–294. Sur le même sujet, cf. le chapitre IV, »Données anthropologiques. Répartition des groupes sanguins chez les divers peuples«, dans: Les groupes sanguins, Paris 1936, p. 104–128. Voir aussi, ID., Dix années de fonctionnement d'un centre d'étude des groupes sanguins, dans: Presse médicale 33 (avril 1939), p. 637.
[83] DUJARRIC DE LA RIVIÈRE, KOSSOVITCH, Les groupes sanguins (voir n. 82), citations extraites des p. 125, 120 et 123.
[84] MARTIAL, La race française (voir n. 16), p. 253–254.
[85] MONTANDON, La race, les races (voir n. 58).
[86] Ibid., p. 54.
[87] Ibid., p. 69.

mobilisables de crédit symbolique témoignent d'une commune participation à un espace contraignant en cours de structuration.

DES ANNÉES 1930 À VICHY

La structuration de l'espace raciologique médical sous Vichy s'inscrit dans la continuité de la structuration des années 1930. Aux deux pôles précédemment évoqués correspondent l'Institut d'anthropo-sociologie (IAS), dirigé par Martial, et l'Institut d'étude des questions juives, qui deviendra l'Institut d'étude des questions juives et ethnoraciales en 1943 (IEQJ) sous la direction de Montandon. À l'exception de l'entreprise de propagande politique de Louis Darquier, l'Union française pour la défense de la race (UFDR)[88], et de la revue »Cahier jaune« de l'IEQJ, qui regroupe les »membres marginaux de la collaboration littéraire«[89], le secteur médical monopolise la direction de la raciologie vichyste. Mais eu égard à la fluidité des relations sociales, à la dissémination des pouvoirs publics, à la situation de crise qui provoque une fluctuation constante de la valeur des ressources, cet espace ne connaîtra qu'une institutionnalisation lacunaire ne permettant en aucune façon de stabiliser ses relations et de construire des frontières nettes avec un droit d'entrée unique. Cet espace se présente comme un espace fluide et instable, soumis à tensions entre des agents en concurrence pour l'obtention de ressources rares.

L'IAS est institutionnalisé par Darquier, commissaire général aux questions juives le 23 novembre 1942[90]. Il a pour but »d'étudier, de déterminer et de protéger les bases scientifiques du sélectionnisme racial« et doit »donner le ton dans les milieux exclusivement scientifiques et spécialisés«. Le comité de direction, composé de Gruveilher, de l'Institut Pasteur, de Charles Achard, secrétaire général de l'Académie de médecine, et de Jules Renault, lui-même académicien, constitue la caution scientifique. La présidence de Claude Vacher de Lapouge signifie la revanche du maître ancien de l'anthropo-sociologie via son héritier sur la logique du champ académique. Martial, nommé codirecteur, obtient une consécration institutionnelle en se voyant conférer le rôle de patron universitaire, confirmée quelques mois plus tard par l'obtention de la chaire d'anthropobiologie des races. Malgré l'audacieux programme, l'activité de l'institut, critiquée par les autorités allemandes, n'a jamais dépassé le cadre de vagues conférences mondaines, et son existence n'a été qu'éphémère.

---

[88] Cet organe de propagande créé par Darquier veut »employer les méthodes de publicité commerciale« afin d'œuvrer à la »reconnaissance constitutionnelle par l'État français de l'existence, de l'utilité et de la primauté du principe raciologique«, ainsi que de »l'inégalité des races humaines et de la nécessité de protéger la nation française contre l'immigration des races inférieures«. Présidé par Darquier, l'Union revendique 900 membres, document aux archives du Centre de documentation juive contemporaine (CDJC), Paris, CCXXXVIII–163, 11.
[89] Cf. MARRUS, PAXTON, Vichy et les Juifs (voir n. 47), p. 299.
[90] Archives nationales, Paris, AJ 38/320; cf. LARBIOU, René Martial (voir n. 12).

L'IEQJ est créé en avril 1941 à l'instigation du SS Theodor Dannecker, directeur du Judenreferat (sous-division de la Sûreté allemande pour la question juive)[91]. Cet institut, créé sans l'aval du premier commissaire général aux questions juives Xavier Vallat, reste sous l'autorité de la Gestapo. Sa direction est confiée au capitaine Sézille, dont l'instabilité et l'incapacité[92] décideront de sa suppression pendant l'été 1942. Le nouveau commissaire, Louis Darquier, le fait renaître de ses cendres en février 1943 et le confie à »un ethnologue mondialement connu«, le docteur George Montandon[93]. Débarrassé des scories de sa première période, secondé dans son travail par des »professeurs«, l'institut veut »accroître [son] importance« et se fait reconnaître le »caractère de véritable université privée«[94].

Cet ensemble de créations institutionnalise des positions, met sur le marché de nouvelles ressources qui permettent à deux types de personnel d'investir ce terrain: les dilettantes, aventuriers en rupture, et les experts ayant acquis leurs lettres de noblesse académique, comme Montandon et Martial. Au-delà de ces instances raciologiques figurent d'autres instances qui contribuent à renforcer la raciologie. Le Commissariat général aux questions juives (CGQJ) peut être considéré comme une banque et un régulateur de ressources: il institue les organes raciologiques, il confère aux prétendants un surcroît de légitimité[95], il met sur le marché des ressources matérielles indispensables aux raciologues et à leurs productions[96], il arbitre enfin les luttes entre prétendants. Mais, eu égard à la structure éclatée de l'État, le CGQJ doit composer avec les autorités occupantes et l'administration traditionnelle. Une dernière instance apporte son concours indirect à la promotion de la raciologie, la Fondation française pour l'étude des problèmes humains, créée à l'instigation de Carrel dans la droite ligne de son projet de 1936 de création d'un »centre de recherches pour l'amélioration de la race humaine«. La fondation se veut être un organe de refondation, de réagencement et de biologisation des sciences de l'homme[97], comme en témoigne la surreprésentation médicale (70 membres sur 130 sont médecins) et la création du département n°1 de la fondation, intitulé »biologie de la population«. Enfin, la politique éditoriale de la fondation permet de soutenir certains raciologues, à l'instar de Martial, qui se voit financer le 7 juillet 1942 un rapport sur la question juive.

Au regard des configurations raciologiques allemandes et japonaises, la configuration française frappe par sa faiblesse institutionnelle. Les carrières raciologiques y sont

[91] MARRUS, PAXTON, Vichy et les Juifs (voir n. 47), p. 299–300, 416–417.
[92] Ibid., p. 298.
[93] Joseph BILLIG, Le commissariat général aux questions juives (1991–1944), Paris 1957, tome 2, p. 310–312.
[94] Programme de l'institut, avril 1943, cité par BILLIG, Le commissariat (voir n. 93), p. 312.
[95] Le CGQJ établit une liste d'ouvrages pour le concours d'entrée à la Section d'enquête et de contrôle, parmi lesquels figurent ceux de Drumont, Gobineau, La Tour du Pin, Martial et Montandon.
[96] Le CGQJ tenta en 1944 de faire revivre la revue de Montandon, »L'ethnie française«, mise en sommeil depuis mai 1943, note de Carlotti, chef du service, 21 février 1944, Archives nationales, Paris, AJ 38/320.
[97] Hervé LE BRAS, Le démon des origines. Démographie et extrême droite, Paris 1998, p. 168.

problématiques, et les experts sont peu mobilisés dans la mise en pratique des politiques raciales. Mais de ces caractéristiques structurelles l'on ne peut inférer une hypothétique immunisation de la France à la raciologie[98]. Cette faible institutionnalisation doit plus à la structuration du champ académique français[99] et à la prise en charge de la politique raciale dans les cadres normaux de l'administration française qu'à une opposition essentielle de la communauté française. En effet, l'usage de la race reste prégnant dans de larges parties de l'espace social français à partir des années 1930, contribuant à banaliser et à diffuser un discours qui rendra possible des pratiques racialisantes. De plus, bien que problématiques, les investissements raciologiques sont possibles. Concernant le corps médical, quoique les médecins n'aient pas été mobilisés directement dans les politiques raciales, il n'en demeure pas moins que la race a été convoquée stratégiquement de façon relativement généralisée, et que des médecins se sont assurés d'un monopole dans la direction des institutions raciales.

Après guerre, débarrassée des éléments les plus saillants, tant en termes de personnel (Carrel meurt, Montandon est exécuté par la Résistance) que de lexique et de degré de systématisation, la raciologie subit un aggiornamento. Les principes de perception ethno-anthropologiques demeurent cantonnés dans les limites du régime intellectuel dominant. Le déni généralisé du champ médical empêche que soient questionnés les présupposés raciaux et leur intégration dans le mode de perception professionnel. De fait, ce déni autorise leur survivance tant institutionnelle que symbolique[100], jusqu'à leur extinction progressive après les années 1950.

---

[98] Michel DOBRY (dir.), Le mythe de l'allergie française au fascisme, Paris 2003.

[99] Beaucoup de raciologues au tournant du siècle sont ainsi rentrés dans les rangs des frontières des sciences normales, contribuant notamment à l'abandon de la clef de voute de la raciologie conquérante, la craniométrie.

[100] LARBIOU, Connaître et traiter (voir n. 6), p. 561–568.

»La frontière des sangs« selon le Dr René Martial: cette frontière, basée sur le taux d'agglutinogène dans le sang, dessine une ligne de séparation absolue au sein de l'Europe entre populations incompatibles d'un point de vue biologique (tiré de l'ouvrage de René MARTIAL, Notre race et ses aïeux, Paris 1943). Droits réservés.

Index des personnes

Achard, Charles 126
Achelis, Thomas 95
Agassiz, Louis 13
Ageron, Charles-Robert 62, 64
Alencastro, Luiz Felipe de 13
Almeida, Fabrice d' 11
Amselle, Jean-Loup 8
Anderson, Benedict 21
Angenot, Marc 21
Apert, Eugène 113, 122, 124
Arbois de Jubainville, Henri d' 100
Aschoff, Ludwig 45
Audoin-Rouzeau, Stéphane 68
Aufrecht, Theodor 91
Averroès 83

Ba, Abdourahmane 32
Baba, Ahmed 34
Bakri, Al 34
Balibar, Étienne 53
Balthazard, Victor 117
Bancel, Nicolas 22
Bastian, Adolf 95
Bayol (médecin) 41
Becker, Jean-Jacques 68
Belke, Ingrid 93
Bennassar, Bartolomé 13
Bérenger, Henri 63
Berillon, Edgar 113, 119
Bernard, Léon 112
Betts, Raymond F. 70
Biddiss, Michael D. 85
Billig, Joseph 127
Birnbaum, Pierre 120
Blanckaert, Claude 7, 11, 43, 115, 124
Blévis, Laure 64
Bloch, Marc 102–103, 110
Boas, Franz 17–18, 96
Boeckh, Richard 93, 96
Boilat, David 35–36
Boltanski, Luc 117
Bonfim, Manoel 16–17
Bopp, Franz 82–83, 86
Bosc 118
Bourdieu, Pierre 113, 116
Brière de l'Isle, gouverneur 38, 40
Broca, Paul 121, 101
Brubaker, Roger 8, 61
Bruschi, Christian 76

Bunsen, Christian C. J. 82–83, 85, 89
Burguière, André 8

Cambassedes 123
Camiscioli, Elisa A. 77
Carol, Anne 112
Carrel, Alexis 114–115, 128
Charle Christophe 8, 115, 123
Chrétien, Jean-Pierre 8, 11, 32
Cibrie, Paul 118
Clancy-Smith, Julia 31
Clovis I 101
Collignon 101
Conklin, Alice L. 79
Crépin, Annie 80
Crettiez, Xavier 113
Cuoq, Jean 34

Dahn, Felix 104
Dannecker, Theodor 127
Daou, Demba 39
Darquier, Louis 120, 126
Darwin, Charles 13
Dauzat, Pierre-Emmanuel 21
Déchamps, Hubert 62
Deniker, Joseph 121
Dequidt, Georges 113
Deroo, Eric 24
Desfosses, Paul 117–118, 123
Devisse, Jean 32, 34
Diagne, Blaise 70
Dido, Samson (prince) 22–23
Diouf, Mamadou 35
Dobry, Michel 128
Dopsch, Alfons 108
Dornel, Laurent 68
Dozon, Jean-Pierre 11
Drouard, Alain 114–115
Dubos (abbé) 102
Duclert, Vincent 62
Dudink, Stefan 60
Dufoix, Stéphane 63
Dujarric de la Rivière, René 125
Duller, Eduard 104

Echenberg, Myron 64
Eckstein, Ferdinand d' 85
El-Tayeb, Fatima 21
Espagne, Michel 9

Index des personnes

Faidherbe (gouverneur) 36–39
Falkenhorst, Carl 26–27
Fall, Yoro 34
Fassin, Didier 77
Fassin, Eric 77
Febvre, Lucien 18, 103
Félix Eyoum, Jean-Pierre 27
Ferdowsi (poète) 82
Ferro, Marc 45
Flize (capitaine) 8
Fodio, Othman Dan 38
Fontoynont (médecin) 59
Forestier, Georges 113
Foucault, Michel 115
Frevert, Ute 60
Freyre, Gilberto 13, 17–19
Furukawa, Kanehide 52
Fustel de Coulanges, Numa Denis 99, 102

Gallieni, Joseph Simon 40–41, 66
Garbit (gouverneur général) 69–71
Gassouin (général de division) 69
George V 85
Gieseke, Sunna 26
Gobineau, Arthur 10, 13, 81, 85–89, 96–97
Godet, Martine 44
Goldziher, Ignac 92
Gouaffo, Albert 26
Gould, Stephen J. 43
Graemer, Rudolf 110
Grant, Madison 119
Gravier, Gabriel 42
Green, Nancy L. 8
Grimm, Jacob 98, 104–105
Grosse, Pascal 22
Gruveilher (membre de l'Institut Pasteur) 126
Guillaume I 20
Guizot, François 98

Hagemann, Karen 60
Hagenbeck, Carl 22
Haller, Johannes 105
Hamada, Kôsaku 46–48, 50
Hamon, Claude 43
Hamy (docteur) 41
Hankins, Franck H. 123
Hasebe, Kotondo 56
Heilbron, Johan 113–114
Helbok, Adolf 109–110
Herder, 88, 98
Hervé, Georges 121

Heyden, Ulrich van der 22
Hitler, Adolf 119
Hobsbawm, Eric 43
Hoffmann von Fallersleben, August Heinrich 21
Hoshi, Shin.ichi 51
Hotman, François 100
Humboldt, Wilhelm von 82, 86

Ingrao, Christian 11

Jauffret, Jean-Charles 61
Jauréguiberry (gouverneur) 40
Jeanblanc, Helga 92
Jeanselme, Édouard 121
Jesco von Puttkamer, Leo Constantin 28–29
Joly, Jacques 55
Julien, Georges 59
Jullian, Camille 99–100, 102–103, 109

Kamara, Cheikh Moussa 32
Kanaseki, Takeo 57
Kiyono, Kenji 43–54, 56
Klaproth, Julius 88
Knobel, Marc 120
Koerner, Francis 70
Koganei, Yoshikiyo 49, 53
Kossinna, Gustaf 45, 99, 105, 107
Kossovitch, Nicolas 125
Koya, Yoshio 55
Krieg-Planque, Alice 110
Kruck, Alfred 24
Kuhn, Adelbert 91
Kuhn, Thomas S. 111
Kühne, Thomas 60

Laacher, Smaïn 76
Lacerda, João Batista 14, 16
Lahire, Bernard 116
Larbiou, Benoît 57, 112–113
Laumonier, Jacques 115
Lazarus, Moritz 10, 81, 92–94, 96
Le Bon, Gustave 14, 48, 70
Le Bras, Hervé 127
Le Pautremat, Pascal 64
Leicht, Alfred 94
Lemoine, J. H. 119
Lenoir, Remi 113
Léonard, Jacques 115–116
Léonard, Yves 19
Leopold, Joan 82, 86
Lewis, Ioan M. 34

Liauzu, Claude 11, 116
Lombard (général de division) 69
Longnon, Auguste 104
Lot, Ferdinand 100, 103, 110
Lucken, Michael 55
Lunn, Joe 65

Mage, Eugène 40
Maghili, Al 34
Makhmoud, Sidi 39
Mangin (général) 68
Mann, Gregory 62
Marin, Richard 13
Marrus, Michaël R. 120, 126–127
Martial, René 57, 113–115, 118, 120–127, 129
Mass, Sandra 67
Massin, Benoît 119
Matsumura, Akira 46
Matsuoka, Yôsuke 56
M'Bokolo, Elikia 8
Meitzen, August 102
Meynier, Gilbert 62
Michel, Marc 62, 66
Michelet, Jules 98, 109
Michels, Stefanie 27
Miyamoto, Hiroto 46, 49
Mohamed 31
Mollien, Gaspard Théodore 35
Montaigne, Michel de 13
Montandon, Georges 101, 120–121, 123–128
Monteil, Vincent 34
Montesquieu 98
Montoya (capitaine) 66
Moreno Pestaña, José Luis 114
Mosto, Ca Da 34
Moussa, Sarga 21
Mucchielli, Laurent 77, 111
Müller, Bertrand 83, 89, 95, 103
Müller, Max 81–83, 85, 88, 91, 95

Nagai, Hisomu 52
Nanta, Arnaud 43, 45, 56
Nass, Lucien 123
Noir, Julien 119
Noiriel, Gérard 8, 61, 62, 119, 122
Norès (inspecteur général des Colonies) 70

Oguma, Eiji 43
Ottmann, Victor 23
Ozanam, Frédéric 98

Pallares-Burke, Maria Lúcia 17
Papillaut, Georges 125
Pathé, Thierno 32
Paxton, Robert O. 120, 126–127
Pedrocini, Guy 62
Pessoa, Epitácio 14
Petri, Franz 102, 108–110
Piazza, Pierre 113
Planche, Dominique 8
Poliakov, Léon 43
Pott, August 10, 81, 83, 86–90, 97
Prochasson, Christophe 62
Prunier, Gérard 8, 32
Puttkamer, Jesco Leo Constantin von 26, 28

Quintin, Louis Joseph-Marie 41–42

Ralaimongo, Jean 59–60
Randrianja, Solofo 59
Ratzel, Friedrich 105
Recham, Belkacem 66
Reimer, Dietrich 25
Reiter, Hans 124
Renan, Ernest 10, 81, 83–85, 90–97, 100
Renault, Jules 119, 121, 126
Renneville, Marc 77
Rétat, Claude 109
Reynaud Paligot, Carole 7–8, 10, 21–22, 43, 70, 111, 124
Robinson, David 32
Rodrigues Raimundo, Nina 15–16
Rosa, Daniel 121
Rosanvallon, Pierre 61
Roynette, Odile 60

Saada, Emmanuelle 63, 70, 75, 77
Saitô, Tadashi 43
Sakano, Tôru 43, 56
Salazar, Oliveira 18–19
Sales, Alberto 15
Sales, Manuel Campos 15
Sapiro, Gisèle 113
Sarraut, Albert 42
Scheffer, Christian 34
Schlegel, Friedrich 82
Schlegel, August Wilhelm 82
Schmaltz, Julien 35
Schmidt, Ludwig 107–108
Schmitz, Jean 33
Schnapp, Alain 51
Schor, Ralph 122
Schultze, Walther 104

Index des personnes

Schwarcz, Lília Moritz 14
Schwartze, Moritz Gotthilf 83
Sergent, Émile 117, 119
Séville, Isidore de 99
Silverman, Maxim 79
Sinha, Mrinalini 67
Skidmore, Thomas E. 16
Spencer, Herbert 14
Spire, Alexis 70
Steinbach, Franz 105
Steinthal, Heymann 81–83, 85, 91, 96
Stenning, Derrick J. 34
Strauss, David Friedrich 92
Soleillet, Paul 42
Souyri, Pierre-François 44
Süsserott, Wilhelm 25
Suzuki, Hisashi 57
Sy, Mamoudou 36

Taal, Ahmadou 41–42
Taal, El Hajji Umar 38
Tanon, Louis 119
Tautain, Louis-Frédéric 41
Terada, Kazuo 43
Theile, Merlin 21
Thierry, Augustin 98
Thiesse, Anne-Marie 8
Tocqueville, Alexis de 85
Topalov, Christian 113
Topinard, Paul 101
Torii, Ryûzô 44, 53
Torres, Alberto 17
Tosh, John 60
Toulouse, Édouard 115

Trautmann-Waller, Céline 43, 92
Treitschke, Heinrich 93
Tschudin, Jean-Jacques 43
Tsunoda, Bun.ei 43

Ueda, Tsunekichi 49
Umar, El Hajji 39

Vacher de Lapouge, Claude 126
Vacher de Lapouge, Georges 14, 112, 119, 121
Valensi, Lucette 8
Valensky, Chantal 66, 68
Valière (gouverneur) 39–40
Vallat, Xavier 127
Venturino, Diego 21
Verneau, René 112
Vernes, Arthur 114
Viana, Francisco Oliveira 17
Vidal de la Blache, Paul 105
Virchow, Rudolf 22, 47, 81, 92, 95–97

Waitz, Georg 104
Wallerstein, Immanuel 53
Weber, Albrecht 81, 93
Wehler, Hans-Ulrich 21
Weidenreich, Franz 54
Weil, Patrick 63
Werner, Michael 9

Yûzankaku (éditeur) 47

Zeller, Joachim 22, 27

Les auteurs

Armelle ENDERS, maître de conférences en histoire contemporaine à l'université Paris IV-Sorbonne

Albert GOUAFFO, professeur d'études germaniques; enseignant de littérature et civilisation allemandes à l'université de Dschang, Cameroun

Agnès GRACEFFA, chargée de cours à l'université de Lille III

Benoît LARBIOU, chercheur précaire à l'université Montpellier III; chargé de mission au Centre de ressources éducatives (ALCI), Montpellier

Arnaud NANTA, chargé de recherche au Centre de recherches sur le Japon (CNRS/EHESS)

Carole REYNAUD PALIGOT, boursière de l'IHA (2006–2007), chercheure associée au Centre de recherche en histoire du XIXe siècle, Paris I-Paris IV, chercheure précaire

Marc SCHINDLER-BONDIGUEL, doctorant à l'université de Bielefeld et à l'EHESS Paris

Mamoudou SY, chargé de cours au département d'histoire de l'université Cheikh Anta Diop, Dakar

Céline TRAUTMANN-WALLER, professeur en études germaniques à l'université de Paris III-Sorbonne nouvelle; membre junior de l'Institut universitaire de France

www.ingramcontent.com/pod-product-compliance
Lightning Source LLC
Chambersburg PA
CBHW051118230426
43667CB00014B/2644